これが登美さんの”福吹く“暮らし

天然素材と遊び心、365日が心地いい

群言堂・松場登美

婦人之友社

私が暮らす大森町（石見銀山）案内

私が暮らしているのは、島根県大田市大森という小さな町です。

江戸時代には世界有数の銀の産出地として、この一帯に20万人が暮らしていたそうですが、現在の人口は４００人足らず。往時をしのばせる古く美しい町並みは、重要伝統的建造群保存地区に指定されています。２００７年に世界文化遺産に登録されてからは、多くの人が訪れるようになりました。

私は夫の故郷であるこの町で、３人の娘たちを育て、夫と会社を立ち上げ、ものづくりや古民家の再生を続けてきました。今の肩書きは、石見銀山生活文化研究所の所長、兼「群言堂（ぐんげんどう）」というアパレルブランドのデザイナー。夜は、古民家を再生した「暮らす宿　他郷阿部家（たきょうあべけ）」の女将としてお客さまをお迎えしています。

大森のメインストリートをはさんで、左右に広がる古い町並み。ここに群言堂の本店、他郷阿部家、もうひとつの古民家宿「只今（ただいま）加藤家」など、私たちの大切な場所が点在しています。

本書では、他郷阿部家や私自身の暮らしの中から愛着のあるものを一つずつご紹介します。町を一緒に歩くように楽しんでいただけたら幸いです。

＊文中では、他郷阿部家を「阿部家」、只今加藤家を「加藤家」とも表記しています。

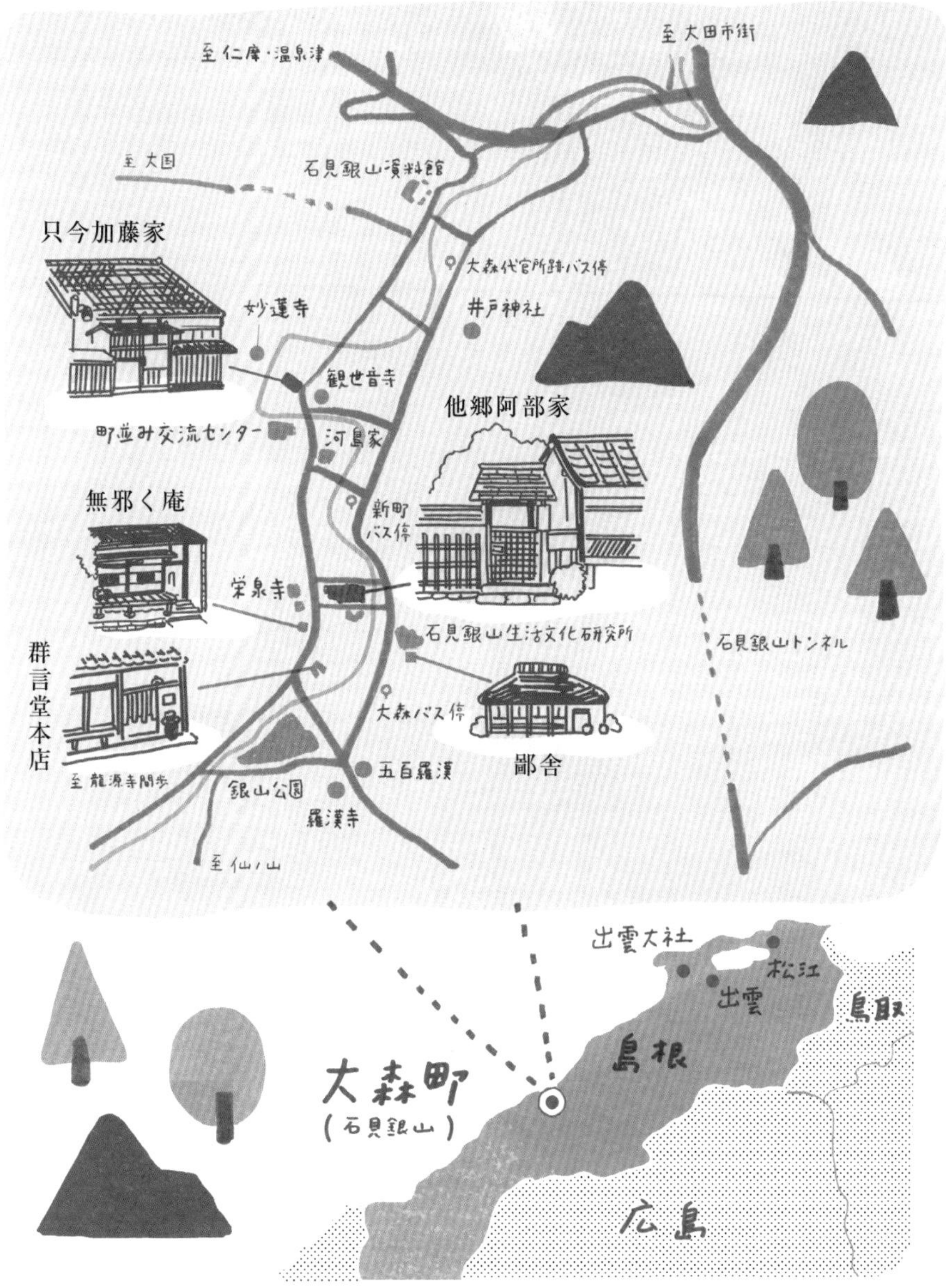
至仁摩・温泉津
至大田市街
至大国
石見銀山資料館
只今加藤家
大森代官所跡バス停
井戸神社
妙蓮寺
観世音寺
他郷阿部家
町並み交流センター
河島家
無邪く庵
新町バス停
栄泉寺
石見銀山生活文化研究所
石見銀山トンネル
群言堂本店
大森バス停
五百羅漢
鄙舎
至龍源寺間歩
銀山公園
羅漢寺
至仙ノ山
出雲大社
松江
出雲
鳥取
島根
大森町
(石見銀山)
広島

1章　ホッとする天然素材の道具……8

2章 「ご縁があって」ここにあるもの……34

3章 「もったいない」を宝ものに……52

自由自在に、暮らしをつくり出す楽しさを

自然から生まれた道具は、使い込んでいくと新品のときとは異なる美しさを発揮し始めます。これは人工的な素材との大きな違いです。

長年愛用するうちに、人の気持ちが道具に伝わるのかもしれませんね。

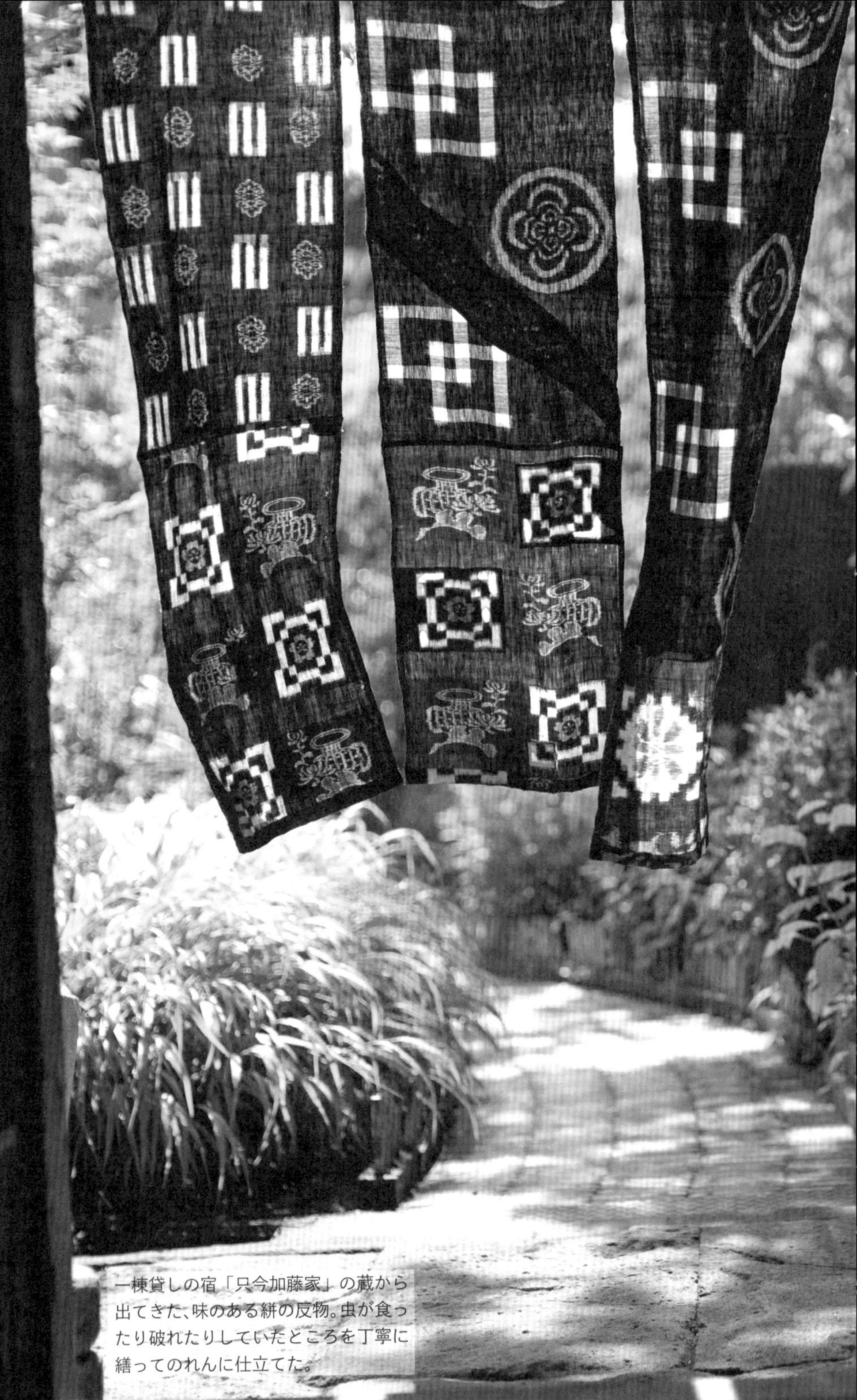

一棟貸しの宿「只今加藤家」の蔵から出てきた、味のある絣の反物。虫が食ったり破れたりしていたところを丁寧に繕ってのれんに仕立てた。

竹のワインラック

竹の筒を生かしたワインラックは阿部家のバーに置いている。

今、一番ワクワクしながら使っているのが、竹で作ったワインラックです。どこにもない一品もの、遊び心たっぷりでしょう？　手がけてくれたのは29歳のハジメ君。若いけれど、技術と感性の両方を持つアーティストです。最初は竹で編んだラックをイメージしていましたが、二人で相談するうちに「竹筒の中にそのままワインを入れたら、おもしろくなりそう！」と話がまとまってでき上がりました。

腕の立つ職人の中には、持っている技術をすべて盛りこむ人もいますが、彼は技術がありながらも自己主張しすぎるということがありません。このワインラックを見て、クスッと笑ったりホッとできたりするのは、そういうところ。作り込みすぎないよさがあるのです。

私自身、若いころはとんがったアートに魅力を感じたこともありましたが、今は周囲に溶け込みつつも存在感を放つものに心惹かれます。ホッとするものに囲まれて暮らしたい。そのためにはおしゃれすぎない方がいいけれど、かといって何でもいいというわけではありません。空間に調和しながらきらりと光るもの。その微妙な塩梅が、私なりのこだわりです。蔵の中に置いてあるので、ワインもきっとおいしく熟成されていくだろうと楽しみにしています。

ホッと
するものには
作り込みすぎない
よさがある

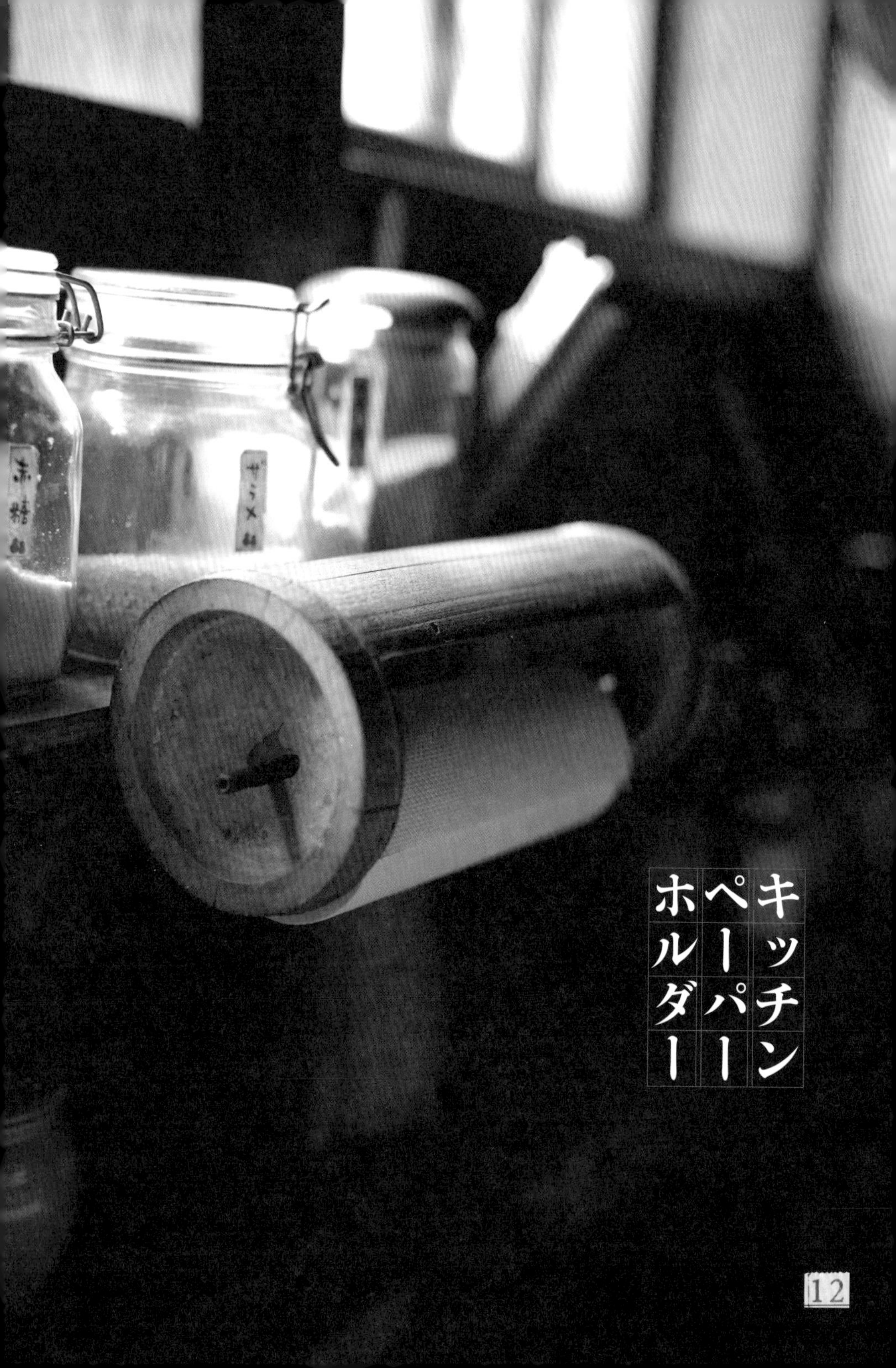

キッチンペーパーホルダー

想像を超える
アイデアが
ものと空間の
味わいを深める

古民家を再生し、初めて店を開いた30年前、「ここにはプラスチックのものを置かない」と決めました。今でこそプラ製品は問題になっていますが、当時はエコにこだわるというより、美しくないという思いが強かったのです。

台所はプラ製品が増えやすい場所なので、さまざまな工夫をしています。中でも気に入っているのは、竹を利用したキッチンペーパーホルダー。もう10年以上使っていますが、頑丈で使えば使うほど味わいを増しています。

作ってくれたのは、わが社の社員みんなが「楫(かじ)パパ」と呼んで慕っていた楫谷稔(かじたにみのる)さんです。元々彼が、社屋のトイレのペーパーホルダーを竹で作っていたのを見て、「ひとサイズ大ぶりのキッチンペーパーホルダーも」とお願いしました。

若いころ、左官や大工の職人をしながら関西で暮らしていた楫谷さんは、定年間近に地元に戻って来たタイミングで私たちと出会いました。職人としての腕のよさに加えて、この町の環境や人に刺激を受けたことで、新たな才能が開花。センスあふれる作品がたくさん生まれました。

楫パパはもういませんが、彼が遺してくれた数々の作品を見るたびに、つねに私たちの想像を超えるものを創り出してきた彼の気概に感動します。

かごとざる

軒下には、かご類を吊るして。

とにかく、かごやざるが好きです。阿部家の台所からお風呂場へ続く土壁には、たくさんのかごやざるがかかっています。古い蔵の中から出てきたものもあれば、いただいたものも。自然とここに集まってくるので、普段からいろいろな作業に使っています。幼少期に、こうした道具に囲まれて育ったからでしょうか。眺めているだけで気分が安らぐんですよ。

中でも「箕（み）」は使いやすい形をしています。畑で収穫した豆やタネを入れ、手で大きく煽って風を起こし、カラや塵を取り除く、むかしながらの農具です。

以前、新潟を訪れたとき、道路沿いにかごやざるが並んだ店を見つけ、あわてて車を止めたことがありました。そこで手に入れたのが、藤でできた箕。値段は少し高かったのですが、材料を山に取りに行くだけでも大変な手間です。もう作り手がいなくなると聞き、小型の藤の箕を注文して商品化しました。喜んでくださる方がいれば、技術も残るからです。写真のように小さな花器と合わせて飾るのもステキですよ。

暮らしは、美しいかどうかも大事だと思います。美しいものは見て心地いい。こういう道具がひとつあるだけで、子どもの頃の生活や、働き者だった母のことも思い出されます。懐かしく愛おしい記憶です。

小さな藤の箕。使い方は無限大に。

暮らしは
美しいか
どうかも大事

多くの技が
つまった
一生もの

胡桃の樹皮のかご

最近、どこへ行くにも持ち歩いている胡桃のかごは、岩手にある復興支援団体「一般社団法人 SAVE IWATE」で作られているものです。震災から間もなく、この団体を主宰するご夫妻が阿部家にお泊まりに来られたことが、最初の出会いでした。

被災者の中には元漁師さんがおられて漁網を編む技術があり、岩手には立派な胡桃の木がある。その二つを組み合わせて、男性を中心にかご作りを始めたというのです。すぐに私は岩手を訪ねてみました。当時はまだ試行錯誤の最中でしたが、みるみるうちに工芸店で扱ってもらえるほど腕を上げられたと聞きました。手に取って、その美しさにほれぼれ。

作っている方たちは、それぞれが得意なことで力を発揮しています。たとえば、道具を開発した方や、胡桃の生産に取り組んだ方も。今では胡桃の栽培からかごの製作まで一貫して行い、質の高いものを生み出しておられます。

このかごを持っていると、みんなが「登美さん、似合うね」と言ってくれるんですよ。私自身も、私の装いに似合っていると感じます。使うたびに味わいが増していくことでしょう。大切に使い続けていこうと思います。

草のほうき ほうきほうき

ほうきももちろん天然素材。いくつも買い集めたり、自分で作ったりしています。巨大で迫力あるこのほうきは、島根県在住の方が、無農薬で大切に育てたほうき草から作られたものです。見た目は、とてもダイナミック。手を加えていない素の表情が印象的ですが、使ってみると実に機能に優れています。絨毯の上は掃除機よりきれいになるし、猫の毛もすっきり取れる。庭掃除にもいいと、お寺さんが愛用しているそうです。わが社の外回りも、最近はこれで掃いています。

このほうき、宿泊施設である「只今加藤家」の土間の目立つ場所に置いていたら、お泊まりになった中学生の女の子が、またいでピョンと飛び上がり、それをお母さまが連続写真でつないで私のスマホに送ってくださいました。それがとてもいいシーンだったんですよ。私が同じことをしたら本物の魔女みたいになってしまいますが、彼女は映画「魔女の宅急便」のキキに似てとてもかわいらしかったのです。つい、そんな遊びをやりたくなる、存在感のあるほうきです。

他にも、すすきの穂で編んだほうきは美しく、松葉を束ねて作った小さなほうきは、建具の溝の掃除にぴったり。掃除というと最近は掃除機しか使わない方が多いかもしれませんが、ほうきは生活のさまざまなシーンで活躍してくれます。

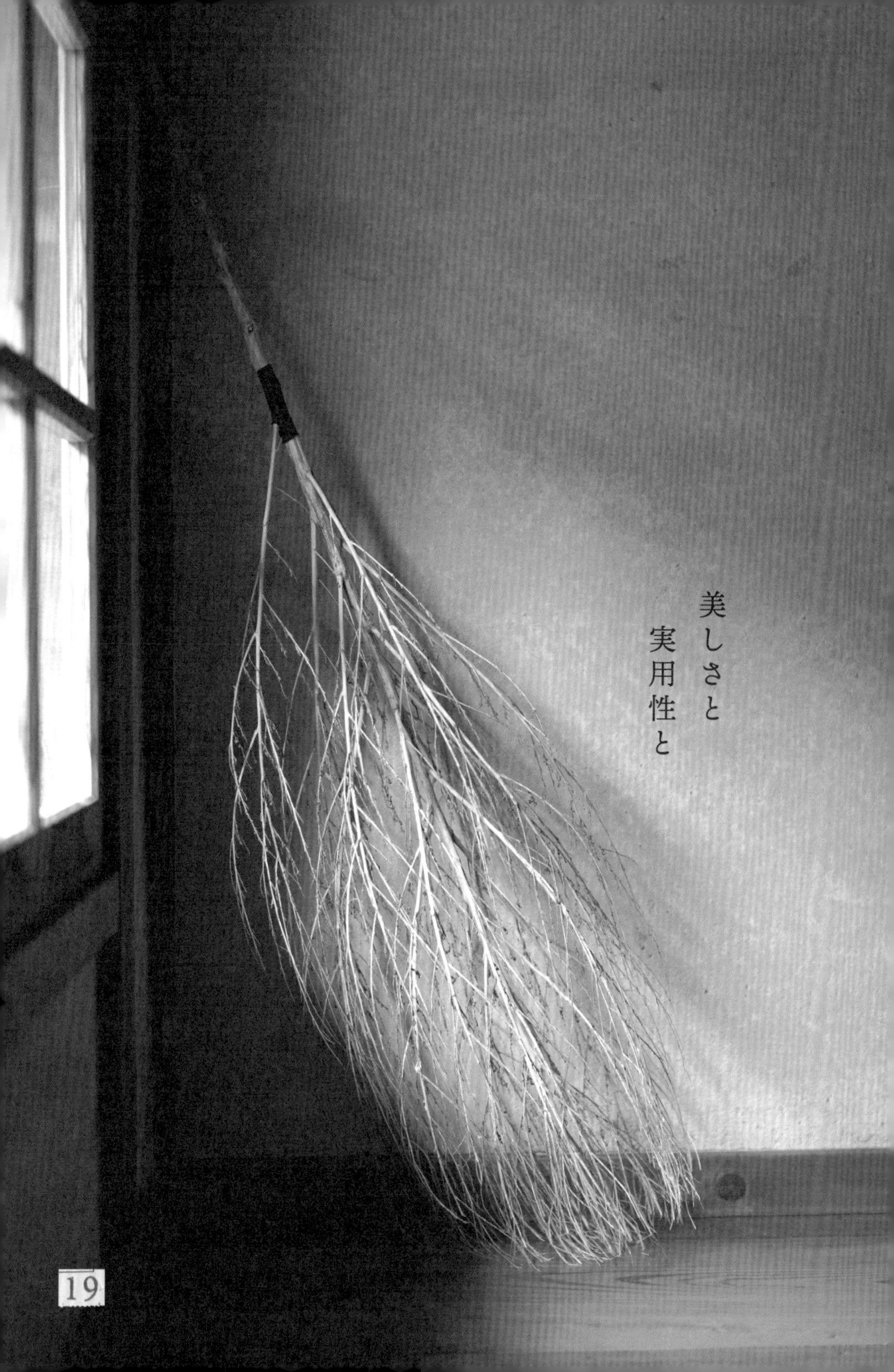

美しさと
実用性と

愛用の器

個性的なものが好き その直感で選ぶ

デザイナーという仕事柄、食器も吟味して選んでいるのではないかと思われがちですが、実はさほど強いこだわりはありません。ここに並べたのは、自宅で愛用している器。私が普段使っているものばかりです。

器を選ぶときに大切にしているのは、直感です。眺めていると、器の方から「私を選んで」と声をかけてくれる気がするんですよ。そういうものは相性がいい。たとえば水玉模様の器は、沖縄のやちむん通りで出合ったものです。丸い模様はやちむんの伝統柄ですが、この器は個性的で、縁を感じずにはいられなかったのです。

その上にある2色柄のお皿は、島根県江津市にある嶋田窯のもの。民芸の器もそうですが、ぽってりとした手ざわりのものや、おおらかさがあるものが好きです。

その隣の小鳥の器は、友人のギャラリーに行ったときに買い求めました。手前にある小さなカップとセットです。かわいい小鳥が気に入って、仕事場にもカップをひとつ置いてあり、コーヒーを飲むときにいつも愛用しています。

色あざやかな黄色い器は、島根県松江市の湯町窯のもの。島根は民芸運動の影響を受けた窯元が多い土地なのです。なつかしい雰囲気としゃれたデザインが気に入っています。

お気に入りのレシピ

私が普段から気に入っているレシピを2品ご紹介します。ひとつは「岩のり丼」。一人でごはんをいただくとき、いつも手軽に作っているもので、不思議なことにいくら丼のような味わいになります。今では、スタッフのまかない料理としても大人気です。

「野菜のおから漬け」は、「ぬか床」ならぬ「おから床」を利用した漬けもの。私の母は豆腐屋を営んでいましたが、それを受け継いだ姪が、おから床を開発しました。

　ぬか漬けよりも野菜の色が鮮やかに漬かること、ぬか漬けほど癖がないことも気に入っています。ぬか漬けになじみがない若い人でも、きっとサラダ感覚でパリパリと野菜がいただけるはず。ぜひお試しください。

●岩のり丼

島根名産の岩のりをたっぷりと

【材料】
ごはん
岩のり
えごま油
しょうゆ
梅干し

【つくり方】
器に好みの量のごはんを盛り、たっぷりの岩のりと梅干しをのせ、えごま油2～3まわし、しょうゆをちょっとたらしていただく。

●野菜のおから漬け

色鮮やかな簡単漬けもの

【材料】
無添加おから床セット（横山食品*）
なす、きゅうり、大根など好みの野菜

【つくり方】
①大きめの保存袋に、おから床セットのおからベース、調味料（昆布スライス、塩、唐辛子、かつお節）、乳酸菌粉末（水で溶く）の順に入れて混ぜ合わせる。
②野菜を①に入れて漬け、24～48時間ででき上がる。

* URL：www.agenoyokoyama.co.jp

おむすび型の竹ざる

阿部家には、古いもの、買ったもの、手作りしたものなど数々の竹製品がありますが、ひときわ愛嬌があってかわいらしいのが、このざるです。出合ったとき、すぐに「ここにおむすびを盛りつけよう」とひらめきました。

かまどで炊いたごはんを塩だけでむすび、このざるに竹皮を敷いて食卓にお出しすると、お客さまからわあっと歓声が上がります。三角のざるに、三角のおむすび。まるで誂えたみたいにぴったりで微笑ましく、「もう、おなかがいっぱい」とおっしゃる方でも、ついつい手を伸ばされます。

春の息吹の筍から、清々しい青竹、飴色のざるやかごまで、竹はいつでも日本人の暮らしに潤いを与えてきました。成長が早いため、放置すれば山の厄介者となってしまう反面、伐採しても自然への負荷が少ないことから、最近では循環型資源としても注目され始めています。

竹は寒さの厳しい新月の日に切ると、虫が入らず長持ちすると言われます。最近は若い社員たちが、地元の達人から「3年ものがいいんだよ」などと選び方や切り方を教わって、竹垣や竹の器などさまざまなことに使うようになりました。竹を生活の中に取り入れ、竹を生かした風景を残し、自然を扱う知恵も次の世代に繋いでいきたいと思っています。

竹製品は暮らしの潤い

ほうろく

暮らしにやわらかな発想を

友人の加藤エイミーさんを訪ねて東京に行ったとき、「民芸店に注文しているものを取りに行くんだけど、一緒に行く？」と聞かれてついて行きました。彼女が車を駐車場に入れに行っている間、私は先に店内へ。すぐに目についたのが、このほうろくです。ほうろくは、豆を炒ったりお茶を焙じたりする道具ですが、見た瞬間に「ピザをのせたい」と思いました。お店の人に「これをください」と言うと、なんとそれは、エイミーさんが注文していたものだったのです。友人というのは、感性も似てくるのかもしれません。

そのときは、エイミーさんとじゃんけんをして半分ずつ持ち帰り、その後でまた買い足しました。阿部家ではピザだけでなく、グラタンを作るときにもこのほうろくを使います。オーブンから取り出して、そのまま食卓に出せるのがとても便利。使い勝手がよく、器としても美しいのです。

エイミーさんは日本で暮らし始めたとき、ざるそばの竹ざるにクッキーをのせて出したら、「こういう使い方をするものではないのよ」とご主人のお母さまから教わったそうです。でも、既成概念にとらわれずに自由な使い方を楽しむエイミーさんの感覚が私は大好き。やわらかで遊び心ある発想が大事なことを、いつも彼女に教わっています。

熱々の米粉のピザをめしあがれ

●奈良漬けの玄米ピザ

【材料】（直径20cm 1枚）
玄米ごはん
（白米でもよい）……180g
米粉……30g
うりの奈良漬け……80g
しらす干し……60g
シュレッドチーズ……80g
ソース
酒粕……5g
みそ……5g
マヨネーズ……5g
油……適量

【つくり方】
①ボウルにソースの材料を入れ、混ぜておく。
②玄米ごはんを温め、米粉を入れてこねる。
③米粉がなじんだら、ひとまとめにして麺棒で丸く伸ばす。
④フライパンに油をひき、弱火で両面をパリッと焼く。
⑤焼いた生地にソースを塗り、奈良漬け、しらす、チーズの順にのせる。
⑥⑤をほうろくにのせ、200℃のオーブンで8～9分半焼く。

使い続けることで
技術を残す

竹皮草履

山形で講演をしたとき、「軽部草履」という草履会社のご夫婦が聞きに来てくださいました。山形の草履には200年以上の歴史があるそうですが、今では日本で唯一の手編み草履メーカーになってしまったのだとか。さっそく草履を注文して試してみると、さらりと足になじむ竹皮草履の履き心地は、想像以上で感激しました。

山奥でしか採れない竹皮を使い、カビや虫の付着を防ぐために燻蒸処理をし、均一な色になるよう仕分けをしてから幅を揃えて裂き、そこから手作業で編んでいきます。編み上げた後も、天日干しにしてプレスをかけるという、とても手のかかった草履です。最盛期は昭和16年ごろで、今の何倍もの数を作っていましたが、80年たった今は、祭事や宮司さんの草履として使われることが多いようです。

いつも思うことですが、いくらよいものでも私たちがものを買って、使わないと技術は残らないし、職人も育ちません。なんとか残したいと思い、鼻緒に刺繍の生地を使った群言堂のオリジナル草履を作ってもらうことにしました。

夏になると、サンダルがわりにこの竹皮草履を履いていています。洋服にも違和感なく合わせられるのがいいところ。素足に心地よく気分も軽やかになる夏のお気に入りです。

福吹扇

手のひらサイズの小さなうちわを見つけたのは、香川県丸亀市にある「うちわの港ミュージアム」です。今では、日本で使われているうちわの約90％が中国産ですが、丸亀では今も国産の竹を裂き、放射状に広げて、一枚一枚丁寧に職人が作っているのです。

普通のうちわよりスリムでコンパクトなうちわ。群言堂の服の余り布を使ったらきっとすてきなものができるだろうと思い、職人さんと交渉しました。そうしてでき上がったのが、オリジナルのこのうちわです。

このサイズならかばんの中で邪魔にならず、本の栞にもなり、サッと出していつでも使えます。パタパタあおいで福が吹いてくるように、福吹扇と名付けました。

檜のたわし

阿部家の台所道具の一員として、洗い場のすぐ手の届く特等席にかけてある。

地方に行くと、むかしながらの道具や、それを作る職人さんがまだ残っています。地方へ出かけるたびに、そうした物や人との出会いを探すのが、私の楽しみ。檜のたわしは、三重県の尾鷲で見つけました。

尾鷲は林業が盛んな土地。製材所の床に落ちた檜の鉋くずをもったいないと拾い集め、女性たちが編んで食器洗いに使っていたのです。「油ものでも洗剤なしできれいになる」と地元では古くから愛されてきました。使い古してよれよれになったら、排水口のぬめり防止にもいいそう。無駄なく使う知恵はさすがです。

藍のひもをつけているので、阿部家の台所に置いても、他の道具としっくりなじんでいます。

2章

「ご縁があって」ここにあるもの

人の息づかいが感じられる空間に

不思議なご縁に導かれるように人と出会うこともあれば
人を通して大切なものとめぐり合うこともあります。
ものの背景にある人とのつながりを想うと、心にポッと灯がともります。

人間は
けっきょく
ひとりぼっち
祝卒業
1969.3.10

高校卒業のとき美術部の恩師からいただいた色紙。「ひとりぼっち」というのは寂しい言葉ではなく、私という人間はこの世でたった一人の存在なのだということに、50年以上たって気づかされた。

時を超えて
めぐり合った
革かばん

革のかばん

25年ほど前、地元紙にコラムを書いたら、「あなたとは気が合いそうだ。友だちになりましょう」と電話をくださった85歳の男性がいました。当時、広島工業大学の名誉教授だった科学者の大脇健一さんです。広島湾をクルーザーでデートをしたり、「復古創新」の言葉を教えていただいたり、最年長のボーイフレンドとして長いお付き合いをさせていただきました。先生はCG作品を作っていて、お孫さんがモチーフの絵を贈ってくださったこともありました。バレエを学びに海外に行かれた自慢のお孫さんです。

時は流れ、先生が亡くなられた後、入社希望の若い女性が大森にやって来ました。その後、彼女が友だちに私の話をすると、「おじいちゃんが仲よくしていた松場登美さんでは？」と言われたそうです。時を超え、お孫さんとつながった瞬間でした。彼女はけがでバレエを断念して帰国。お姉さんとKAYNAというブランドを立ち上げ、革かばんを独学で製作されていたのです。

ユニークなおじいちゃんでしたが、お孫さんも負けないくらいユニークです。かばんを見せてもらったら、形がよくてひと目で気に入りました。革に一切余計な加工をしていない、ナチュラルな雰囲気が魅力です。ななめがけにして後ろに回すと、ほら、すてきに見えるでしょう！

お守りの写真

カメラを首から下げたちょっと人相の悪い男性に、お茶をごちそうしたことがありました。後から届いたお礼状のポストカードに写っていたのは、二人の少年。純真無垢な笑顔に、私は心が洗われるような気持ちになりました。「この笑顔は、誰をも瞬時に善人にしてくれる」。ポストカードを額に入れ、お守りにして茅葺き屋根の鄙舎（ひなや）に飾ることにしました。

ずいぶんたって、雑誌の仕事で偶然大森にやって来た彼に再会し、「あのときの写真、こうして飾っているんですよ」と見せたら、とても感激してくれました。しばらくすると、またお手紙が届きました。「初めてお会いした日、町の古い床屋さんで小さな女の子が散髪していたんです。今はいいお嬢さんになっているはず。渡してあげてください」と同封されていた写真を見てびっくり。その少女はわが家の三女でした。人生って、何ておもしろいのでしょう！

彼は、鳥取在住の池本喜巳さん。世界的にも名高い写真家、植田正治のたった一人のお弟子さんで、山陰の風景を撮り続けている方でした。その後もたびたびいただくお手紙は、石州和紙の巻紙に筆で書かれ、挿絵も本当にすてきです。私の母はよく「人を見かけで判断してはいけない」と語っていましたが、彼との出会いを思い出すたびに、母の言葉は正しかったなあと思うのです。

純真無垢な
少年の笑顔に
救われて

厚みのある板ガラスを積み上げただけの
作品は、シンプルで美しい。

無邪く庵の装飾ガラス

出会いが生んだ光と闇のコントラスト

無邪く庵(むじゃくあん)は、電気や水道やガスなど一切の文明を排除した小さな庵。お客さまと共にここで風や虫の音を聞き、夜にはろうそくの灯で心ゆくまで語らいます。この家の魅力は、なんといっても光と闇のコントラスト。中でも際立つのは、装飾ガラスの存在です。

この小さな古い庵を修復していた時期、夫の大吉さんが海岸で漂流物の木枠を拾ってきました。味があったので、壁にはめ込み「いつか作家さんが作品を入れてくれるといいね」と何の予定もないのに話していました。その数年後、ステンドグラス作家の菅原任(わたる)さんが来てくださり、楽しいお酒の席で「あの木枠に、僕の作品を作りたい」と言われたのです。思いがけない展開でした。

菅原さんはスタンフォード大学を卒業後、ティファニー工房に入られ、数々の国際的な賞を受賞しているアーティストです。私は正直、この簡素な庵にそんなすごい方のステンドグラスが合うのだろうかと思っていました。しかし、でき上がった作品を見て本当に驚きました。これ以上考えられないほど、空間にぴったりはまっていたからです。

装飾ガラスは、光の変化で刻一刻と表情が変わります。眺めていても飽きることがありません。偶然の出会いが生んだ美は、無邪く庵の存在を象徴しているようです。

木をくり抜いたテーブル

接ぎ目がどこにもないテーブル。どんな大きさの木から生まれたのだろう。客間で悠然とお客さまを出迎える。

心に強く思い描くと、不思議とご縁がやって来ることがあります。このテーブルもそのひとつ。初めて見たのは、夫の大吉さんと出張した東京のある店。ディスプレイとして置かれていました。

裏側から見るとわかるのですが、この机は天板と脚が一体になっています。つまり、1本の木をくり抜いているのです。日本では、このような家具を見たことがありません。天板と足を別々にすれば、同じものが複数作れるだろうに、効率性など微塵も考えていない素朴なたたずまいに心惹かれました。

いつか手に入れたいねと話しながら大森に帰ると、大吉さんの同級生が訪ねて来ました。彼は東京の輸入家具の会社で働いていましたが、独立して地元に戻って来たのです。「扱っている商品を車にのせている」というので見に行くと、まさに私たちが欲しいと思っていた外国の家具が、ごろごろ入っているではありませんか。

大吉さんが驚いて、「なんで君がこれを持っているの？」と質問すると、前の勤務先で扱っていたものだそう。嬉しい出来事に心がはずみ、それからいくつか買わせてもらいました。強く願えば、必要なものと出合うことができる。木をくり抜いたこのテーブルを見るたびに、そのことを思い出すのです。

そこにいてくださるだけで
気持ちが
温かくなる

かまどの神様

『日本のお守り〈神さまとご利益がわかる〉』（畑野栄三・池田書店）という本を読んでいたら、かまどの神様を彫ってくださる人が宮城におられることを知りました。

かまどは私にとって特別な場所。以前から阿部家の台所にかまどの神様がほしいと思っていたので、話を知ってすぐに連絡を取りました。その家の古材で作られるというので、阿部家の改装のときに出た古い材を送りました。

そうしてでき上がってきたのが、この神様です。いかつく見えますが、決して怖い顔ではないんですよ。阿部家の台所の一番高いところからひょうひょうと見下ろしておられる。そこにいてくださるだけで、温かく守られている気持ちになります。

ご存じの通り、島根の神有月には八百万の神様が出雲に集まって来られますが、かまどの神様だけはいらっしゃらないんですって。なぜなら、それぞれの家のかまどを毎日守らなければいけないからです。そういう話を聞くと、ますます大事にしなくてはと思わされます。

数年前、私たちの住む大田市を震源とする島根地震があったとき、心配して真っ先に連絡をくださったのが、この神様を作られた方でした。お会いしたことはなくても、神様を通してつながっているのですね。ありがたいご縁だなと思います。

鄙舎のポスター

鄙舎（ひなや）は社屋の隣にある茅葺屋根の家。ここで社員がお昼を食べたり、コンサートやイベントを開いたり、さまざまなことに活用してきました。広島から移築した家ですが、今では風景にすっかりなじみ、町にとっても大切な場所になっています。

3年前にはクラウドファンディングで屋根の葺き替えをしました。このポスターは、一度葺き替えた屋根が30年もつことと、会社の30周年をかけて作ったもの。私、この写真がとても好きなのです。

撮影者は写真家の藤井保さん。彼は大田市出身で、私たちがこの町に本店を開いた直後、店の2階で写真展を開催されました。その出会いが、現在までの長いお付き合いにつながっています。ポスターに写っているのは私たち家族3世代ですが、藤井さんが人の配置を考え、伝えるべきことを一枚の写真におさめてくださいました。30年の時間と3世代の家族。さまざまな世代が交わることで、暮らしが継承されていくという思いがこめられています。

写真は、見た人が何を感じるかが大切ですよね。台湾へ講演に行ったときにも入口にこのポスターを貼ったら、私が語る言葉以上のものをお客さまが受け取ってくださいました。力のある写真です。

藤井保さんが撮影してくださった鄙舎のポスター。一枚の写真に伝えたいことが詰まっている。

鍋帽子

来るべくして わが家に来た 鍋帽子®

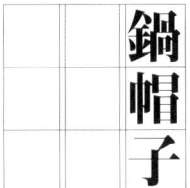

ふっくらかわいらしい、綿の入った座布団と帽子。お鍋にかぶせて余熱で保温調理する「鍋帽子」を教えてくれたのは、三女の奈緒子です。奈緒子がお姑さんから教わって、使ってみたらとても便利だと、私にも勧めてくれました。

鍋帽子は『婦人之友』の読者が集まる「全国友の会」の女性たちが開発したそう。さっそく使って、これはすごい道具だと思いました。

家庭料理の要は煮もの。食卓に煮ものが一品あるだけで温かい気持ちになりますが、火から離れられないのが難点です。現代の家庭は、炒めものや揚げものなど時短料理に偏りがち。でも鍋帽子があれば、かぶせて待っているだけで味がしみこんだおいしい煮ものができるのです。今の時代、エネルギーを使わないこともポイントが高いですね。

いただいた鍋帽子を活用しながら、私はひそかに「群言堂の藍染めの生地でこれを作りたい」と夢に描いていました。台所や食卓に置いたときになじむものになるのでは……と思ったのです。このたび全国友の会のご協力を得て、コラボ企画が実現することになりました。

阿部家では、朝がゆを入れた土鍋やコーヒーの保温に大活躍。藍染めの鍋帽子は、食卓にそのまま出しても違和感がありません。お客さまも写真をパチリと撮っていかれます。

浴室の薪ストーブ

夏は建具を開けて入ると、川のせせらぎが聞こえてきて、とても開放的な気分になる。

阿部家のお風呂は温泉ではないし、部屋ごとに内風呂を備えているわけでもありません。それでもちょっと自慢したいのは、檜が香る湯船と薪ストーブがあるからです。湯船は最近新調し、以前よりゆったりと入っていただけるサイズになりました。

薪ストーブは大森に住む鉄の彫刻家、吉田正純さんの作品。火をくべると上に置いたサウナストーンも熱く焼けてきます。そこへお湯をかけるとジュワーッと蒸気が舞い上がり、お風呂場全体が潤ってぽかぽか暖まります。寒さの厳しい冬も、ゆったりとお風呂に入っていただくことができます。

サウナストーンに湯や水をかけることで、お風呂場はミストサウナに。

3章

「もったいない」を宝ものに

誰も見向きもしない、捨てられているものにこそ愛おしさを感じます。
拾って眺めていると、思いもよらない発想が浮かぶことがある。
第二の道を見つけられたとき、ものは新しい輝きを放つのです。

「復古創新」の
しかけが楽しい
暮らし

鳥居の連なるカードに、自分で「祈る信じる行動する」と書き入れた。日々の暮らしを丁寧に紡いでいくことが、祈りにつながっていくと信じている。

古浴衣のふきん

「木綿は人に優しく身をまとい、最後は浄巾となってその一生を終える。人の一生もそうありたい」

出雲の民芸館をふらりと訪れたとき、出合った言葉です。今となっては何の展示を見たかは覚えていないのですが、この言葉だけは心に焼き付いて離れませんでした。浄巾というのは、私たちの身の回りを整えてくれるという意味もあるでしょう。使って使って使いきって、襤褸（ぼろ）になってこそ美しいのです。

ちょうどそのころ、知り合いの温泉宿のご主人に「使って古くなった浴衣は、最後はどうしているのですか？」と伺ったことがありました。「リネン会社に処分してもらっているよ」との答え。会社に連絡してみると、その地域一帯の宿の浴衣をすべてウエスにしていることがわかりました。「それなら、今あるだけ送っていただけますか」とお願いして、山陰のカレイの干物と物々交換。手に入れた古浴衣を近所のおばあちゃんにチクチク縫ってもらって、ふきんにしました。

洗面所の水拭きなどにも使っていますが、私にとってはいつでも目に留まるところに置いておきたいもの。これを見るたびに「浄巾となってその一生を終える。人の一生もそうありたい」という言葉を思い出し、自分を重ねているのです。

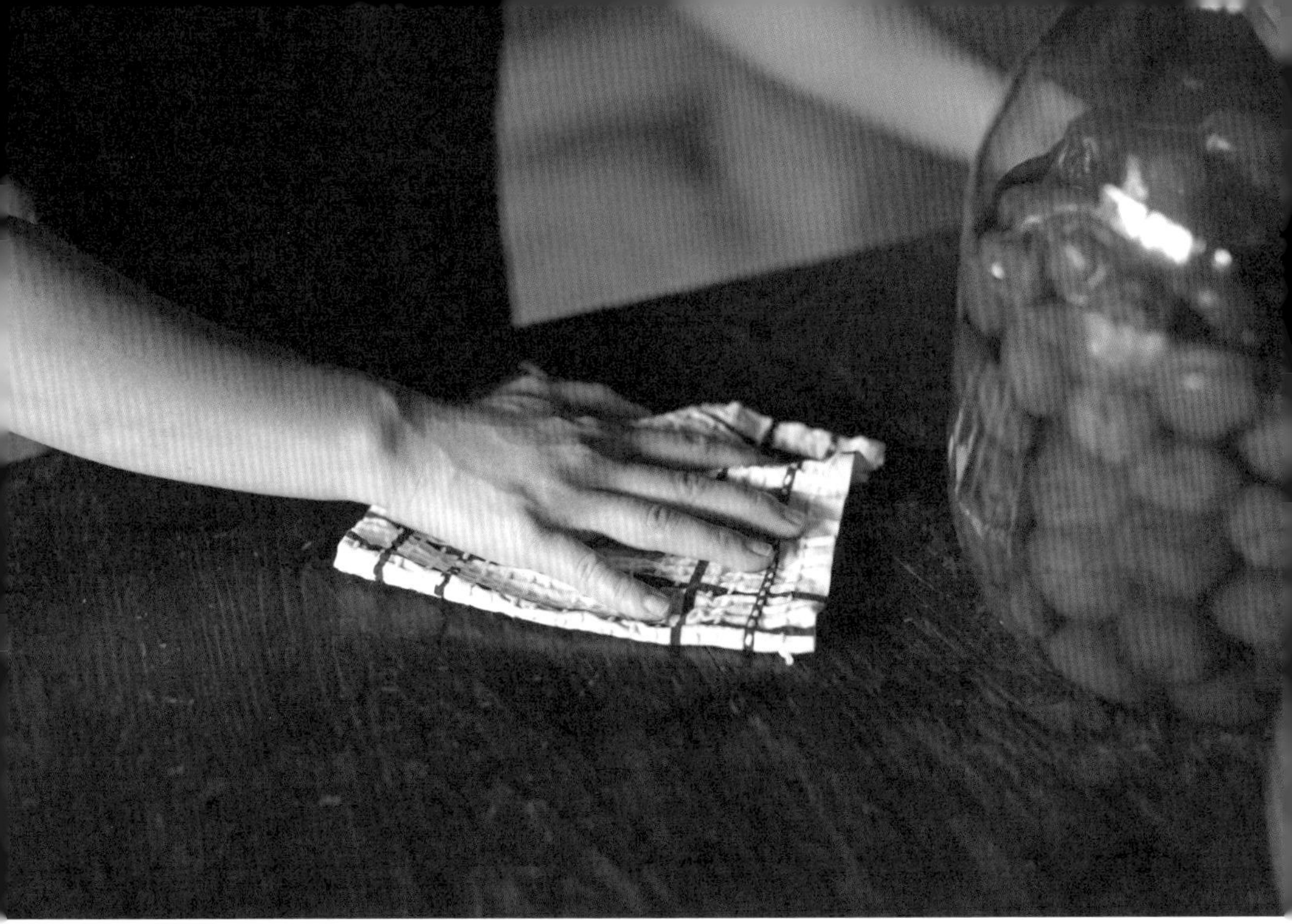

最後まで働いて役目を終える美しさ

ほどよく使いこまれた木綿の布は、手によくなじみ使い勝手がいい。

100年以上前の機械で
受け継がれた糸と技術

ガラ紡のジャケット

　ざっくりとした風合いのこのジャケットは、ガラ紡の糸を使って織り上げています。ガラ紡というのは、明治初期に日本で発明された糸を紡ぐ機械です。動かすとガラガラ音がするので、ガラ紡。１００年以上たった今も、工場では当時とほとんど変わらない竹を使った機械や道具が現役で動いています。

　ガラ紡にかけるのは、原料の綿の中でも繊維の短い「落ち綿」。大量生産の高速紡績機では、振り落とされてしまう部分です。ガラ紡なら機械がゆっくり回るので、繊維の短い落ち綿でも無駄にならず使うことができるのです。もったいない精神から生まれた日本の素晴らしい技術です。

　ガラ紡の糸の特徴は、人の手で紡いだような不規則な太さとやわらかさ。手紡ぎの糸に近く、風合いのよい布ができ上がります。このジャケットはタテ糸にウールのガラ紡、ヨコ糸はアンゴラ混の糸で織ったもの。撚（よ）りがざっくりしているので素朴でやわらかく、空気をまとって温かく感じます。

　実は今、シルクのガラ紡に取り組んでいるところです。シルクは製糸工場の中で機械にからみついた繭毛羽（まゆけば）を集めて利用します。手間ひまかかる糸作りですが、ものづくりを継続していくことでガラ紡を残し、技術も残していきたいと思うのです。

小学校の椅子 ギャッベの座布団

食卓で使っている椅子は、小学校で使われていたパイプ椅子。全国的な少子化で廃校になる学校が増え、木造校舎もどんどん壊されています。近くで壊される話を聞くといても立ってもいられず、出かけて行って使えるものはいただくことにしています。座り心地がいいという椅子ではないけれど、大切なもののひとつです。

この椅子に合わせているのは、イランの遊牧民が織ったギャッベ。自然の染織で同じデザインは二つとありません。古いものを大事にしていると、地味で重たい雰囲気になりがちですが、ギャッベは色がきれいで愛嬌があるところが好き。愛嬌って大事だと思うんですよ。温かみがあり、一年中使えるところも気に入っています。

ストーブの芯のランプシェイド

阿部家にバーを造ったとき、「照明は、ミラーボールみたいな感じがええかなと思って」と楫谷さんがやって来ました。彼が手にしていたのは、使わなくなったストーブの芯の部品。網目のような構造なので、電球を入れるとパッと光が散るのです。派手さはないけれど、「すごくいい！」と思わず拍手。楫谷さんは、自分の中に美しさのものさしを持っていて、空間に合うものを見つけてくる才能にあふれていました。上から吊った滑車は、この照明に合うと思って私が見つけたもの。楽しい切磋琢磨から生まれた、二人の合作です。

瓦の器

登り窯で焼かれた古い瓦が、真っ二つに割れてしまいました。現代の瓦はつるっ、ぴかっとして均一ですが、古い瓦は一枚一枚色も風合いも違って独特の趣があります。

以前、この瓦にハランを敷いて焼き魚をのせ、挿花家の二部治身（にべはるみ）さんをおもてなししたことがありました。瓦を器に使おうと思いついたのは、ありきたりなことをするのが好きではないから。味わい深い瓦を使って、二部さんをアッと驚かせたい気持ちもありました。

そんな思い出がある瓦なので、割れたからといって簡単に捨てるわけにはいきません。金継ぎができるスタッフに、修復をしてもらいました。真ん中にひと筋の金色が引かれた器に、バチコ（なまこの卵巣）、手作りのへしこ、ハタハタのみりん干しなど、阿部家に欠かせないおつまみをのせたらぴったりです。またすてきな使い道を発見しました。

陶器というのは、作者が土を選び、形を作り、釉薬を選んでも、結局最後は炎の力に委ねるものです。特に登り窯で焼いたものには、予想もしなかった味わいが生まれます。むかしのものが美しいのは、何でも人の思い通りになる今とは違って、人の手が届かない力が加わっているからかもしれません。

ありきたりは
好きじゃない
ひらめきで
驚かせたい

阿部家の食卓

阿部家では各部屋にお料理を運ぶのではなく、宿泊客のみなさんに台所に集まっていただいて一緒にお食事をしています。その中心にあるのが、この大きな食卓です。

普通の旅館なら、人の集まる場所には高級な椅子や机が置かれているのかもしれません。しかしこれは、廃校になった小学校の木造校舎から運んできた階段の腰板。側面には手すりがはまっていた穴もあいていて、この手すりの上を子どもたちが滑って遊んでいたのかな、と想像することもできます。廃棄寸前のものだったとはいえ、これほど厚みのある板は今どきなかなか見られません。

そしてテーブルの脚は、瓦工場から瓦を運び出すときに使っていたトロッコのレール。「10人で囲める食卓がほしい」と言ったら、この二つを楫谷さんが探してきて、近所の鉄工所で加工してもらってでき上がりました。

椅子も床板も、ここにあるものはほとんどが廃材利用ですが、お客さまからクレームが出たことは一度もありません。それどころか、説明をするとみなさんとても感動してくださいます。初対面の方と食事をすることに最初は戸惑う方もいらっしゃいますが、いつの間にかみんな打ち解けていい表情になっている。この食卓には不思議な魔法がかかっているのです。

藍の大福帳のかけ軸

誰も見向きもしないものこそ、愛おしく思えます。人が捨ててしまったものに、新しい命が宿るのを見ると、私自身が豊かな気持ちになれるからです。

藍の大福帳を見つけたのも、ゴミ箱の中。友人が管理人をしている徳島の藍染めの旧家でのことです。この大福帳は明治時代、藍染めの染料となるすくもを納品するときに使われたもの。丸い藍の印を見れば、その年の出来具合や収めた量がわかるそうです。大福帳からはずれ落ちたページが捨てられていたので、いただくことにしました。

明治時代のものとはいえ、藍の色はしっかり残っています。考えた末に、京都の知り合いに表装を頼みました。すると、現代アートかと見紛うような作品ができ上がったのです。おもしろいでしょう！　どんな名のある人の絵や書より、私はこういうものが好き。座敷にかけて、お客さまにいつもいきさつを話しています。

徳島の友人はそれ以来、「登美さんは、ゴミを宝物にするのね」と言ってさまざまなものを送ってくれるようになりました。中でも大切に保管しているのは、藍を建てるときに立つ泡をすくって乾燥させた粉。いつかそれで、藍色の墨を作ってみたいと思っています。不要になったものの使い道を考えることは私の趣味。人が驚くようなものによみがえらせて最後まで使いきり、往生させてあげたいと思うのです。

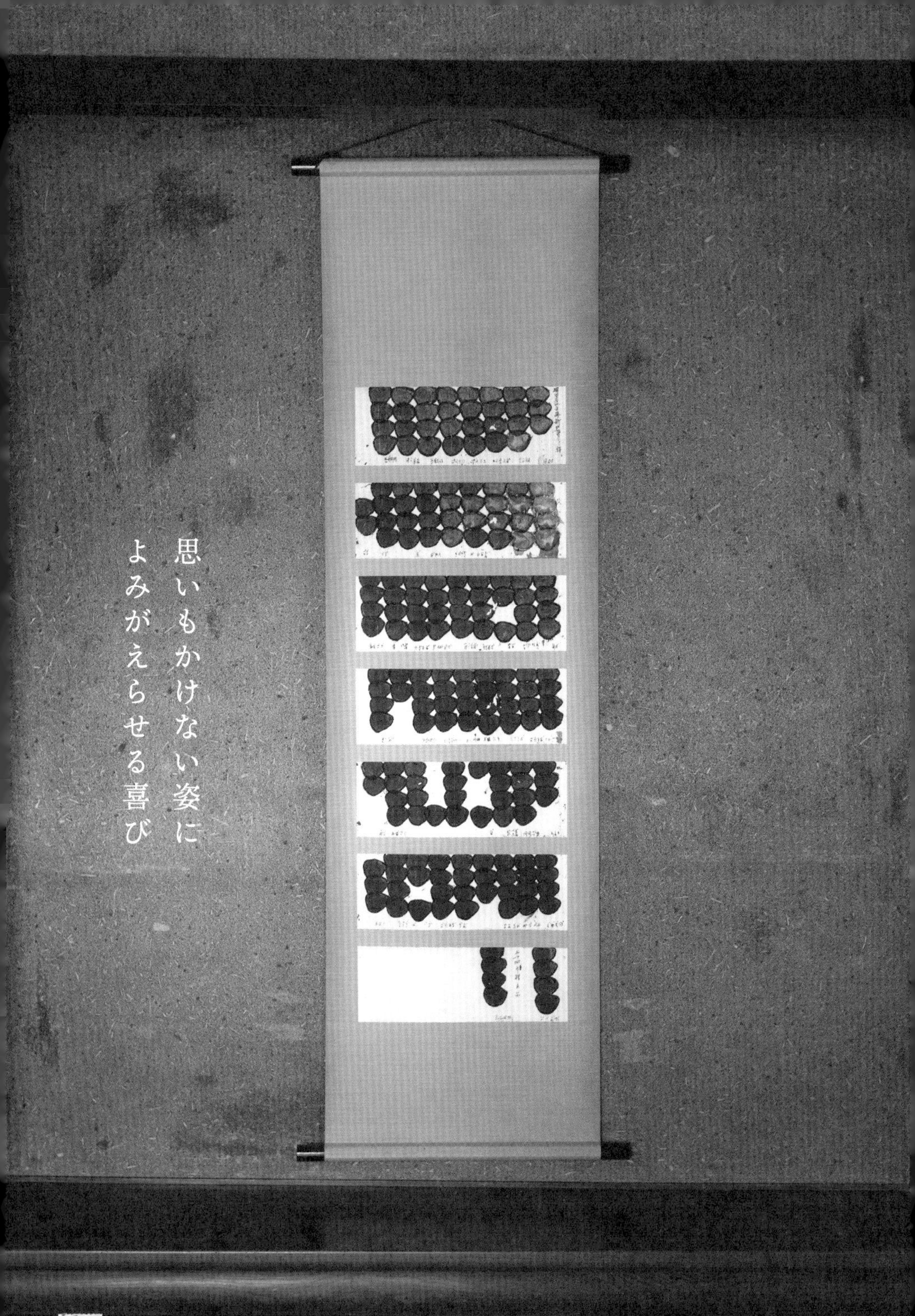

思いもかけない姿に
よみがえらせる喜び

暮らす宿 他郷阿部家へようこそ

長い時間をかけて再生し、宿泊施設へとよみがえらせた他郷阿部家。現代の日本が経済や効率と引き換えに失ってきた、大切な暮らしが息づく場所です。

料理人、小野寺拓郎さんと。「タクさんとは感性が響き合う部分がある。教えられることも多いんですよ」

台所。おくどさんのそばで、パチパチと火がはぜる音を聞きながら、お客さまと一緒に語らい、食事をするひとときを何より大切にしている。

よく使う調理道具は、引き出しなどに片づけるのではなく、使いたいときにいつでも使えるよう、道具かけに吊るしている。たくさん並んでいるのが楽しい。

窓辺の棚に並ぶのは、梅、柚子、枇杷、花梨、甘夏などを使い季節ごとにスタッフが作っている果実酒やシロップ。

「他郷阿部家」誕生物語

訪れる人にとって「心のふるさとになるように」との願いをこめ、２００８年に宿泊施設としてオープンした他郷阿部家。この家を手に入れたのはさらにその10年前、１９９８年のことです。

江戸時代に石見銀山の役人だった阿部光格のお屋敷で、そのときすでに築２００年以上が経っていました。町内にある阿部家の存在はもちろん知っていましたが、まさか自分たちが関わることになるとは思いもよらなかった。不思議な縁に呼ばれるように、この家を手にすることになったのです。ただ、誰も住まなくなって長い年月が経っていたため、見た目はぼろぼろ。屋根や壁ははがれ、床は抜け落ち、まるで幽霊屋敷のようでした。それでも、この町ですでに5軒の古民家再生をしていた私たちは、改修することに迷いはありませんでした。

阿部家の蔵の2階にひとりで寝泊まりをし、職人さんと一緒に1カ所ずつ改修工事に臨むことにしました。古民家の改修は、現代が求める効率性や利便性の対極にあります。修復作業をしながら私は、自分にとって価値のあるものは何かを考え続けました。

そこで強く思うようになったのは、「暮らしの再生を継承していこう」ということでした。むかしの人が使っていた生活道具はもちろん、豊かな自然、古い家、人と人とのお付き合い。都会では捨てられてしまいましたが、この町にはまだ残っている非効率なものを、あえて拾い集めていこう。その中で、古民家再生とは建物の再生だ

けでなく、暮らしを再生していくことだと気づいたのです。

　お金がないため、改修は少しずつしか進みませんでした。１カ所終わったら、また１カ所。一気に設計図を描いて進めるのではなく、何年もかけて進めました。すると、ぼろぼろの家から何かがよみがえってきて、次にやるべきことを教えてくれるのです。

　オープン後も、少しずつ改修を進めながら多くの方をお迎えしてきました。阿部家ではおくどさんの横にある大きな食卓で、みんなで一緒にお食事をいただきます。普通の宿とは違う雰囲気に、最初は驚いて硬い表情になる人もおられます。でも、家族のように食卓を囲んで、おしゃべりをし、ひと晩を過ごすと、硬い顔をしていた人ほどやわらかな表情に変わっているのです。
　宿泊料金は決して安いものではありませんが、ある方は「これは宿泊料ではなく、あなたへの投資です」とおっしゃいました。そんなふうに支えていただきながら、運営を継続して来ることができました。
　この空間に若いスタッフがいることも、私にとってはありがたいことです。ここは、暮らしを伝えていく場所。若い人が毎日ほうきやはたきで丁寧に掃除をし、おくどさんでごはんを炊き、季節ごとに建具やしつらいを変えています。美しい日本の生活文化を伝えながら、心をこめてこの家を育てていきたいと思います。

台所は私の一番好きな場所。私の仕事は「暮らし」が大きなテーマですが、ここには、理想の暮らしが凝縮されています。

特に、私が大切にしているのはおくどさん（竈）です。むかしから人の生活の中心には火があり、料理をするにも暖を取るにも火を囲んできたのに、今の時代、火は危険だと言われ暮らしの中から遠ざけられつつあります。

世の中には「かまど炊きのおいしさ」をうたった電気炊飯器などがたくさん出ていますが、阿部家には本物のかまどがある。そして、若いスタッフの多くが火加減や水加減を見ながら、上手にごはんを炊けるようになっています。炊きたてごはんを塩でむすんだだけのおむすびは、阿部家の一番のごちそうで、それをお客さまと共に味わうひとときは、本当に幸せです。

ほかにも台所を見渡すと、むかしながらの古い道具がたくさん目に入ります。すり鉢、すりこぎ、ほうろく、鬼おろし、かつお節削り……。これらを毎日使いながら、丁寧に暮らしをつむいでいきたい。コロナで大変な日々ですが、そのおかげで家の手入れをする時間を十分に取ることができました。これからも手間を惜しまず、五感を磨いて働くことを大事にしたいと思います。

バーとテーブル

阿部家にバーを造るなんて、最初は思ってもいませんでした。1部屋ずつ改修を進めてきて、最後に残ったのが台所の裏の蔵。この家を手に入れた当初、私が寝泊まりしていたところです。ぼろぼろだった時代のことは、忘れられません。その場所を、夫の大吉さんの「リビングバーがほしい」というひと言で、バーにしようと決めました。

壁はねずみ漆喰にして落ち着いた色になり、京都で廃業した染物屋さんからいただいてきた染物用の板を、テーブルにしました。光の加減でさまざまな模様が浮かび上がります。テーブルの脚は廃線になったトロッコのレール。とても落ち着く空間になりました。夜の食事が終わった後は、お客さまをここにご案内し、お酒を飲みながらくつろいでいただきます。大吉さんも、ここに来るといつも長い時間楽しんで帰って行きます。

バーの戸棚

バーの中にガラスの器を入れる棚がほしくてハジメ君に相談したら、小さな戸棚を作ってくれました。扉に使われている格子模様の部分は、古い家を壊したときに出てきた、床下通気口を利用しています。

どこからか鉄の通気口を手に入れてきたハジメ君が、「もったいないから」と扉にはめ込んだのです。捨てられているもののこうした使い方は、榾谷さんの精神を引き継いでいるなあと思わずにはいられません。このバーには彼の作った竹のワインラック（p.10）もあり、それぞれ独立した作品ですが、隣に置いてもしっくりとなじみます。

戸棚の上の2本のガラスびんは、大吉さんが買ってきた作家もの。阿部家のためにプレゼントしてくれたのだと思ったら、どうやらウイスキーを入れて、ここで飲みたかったようです。戸棚にもよく似合いますね。

かめを割った洗面台

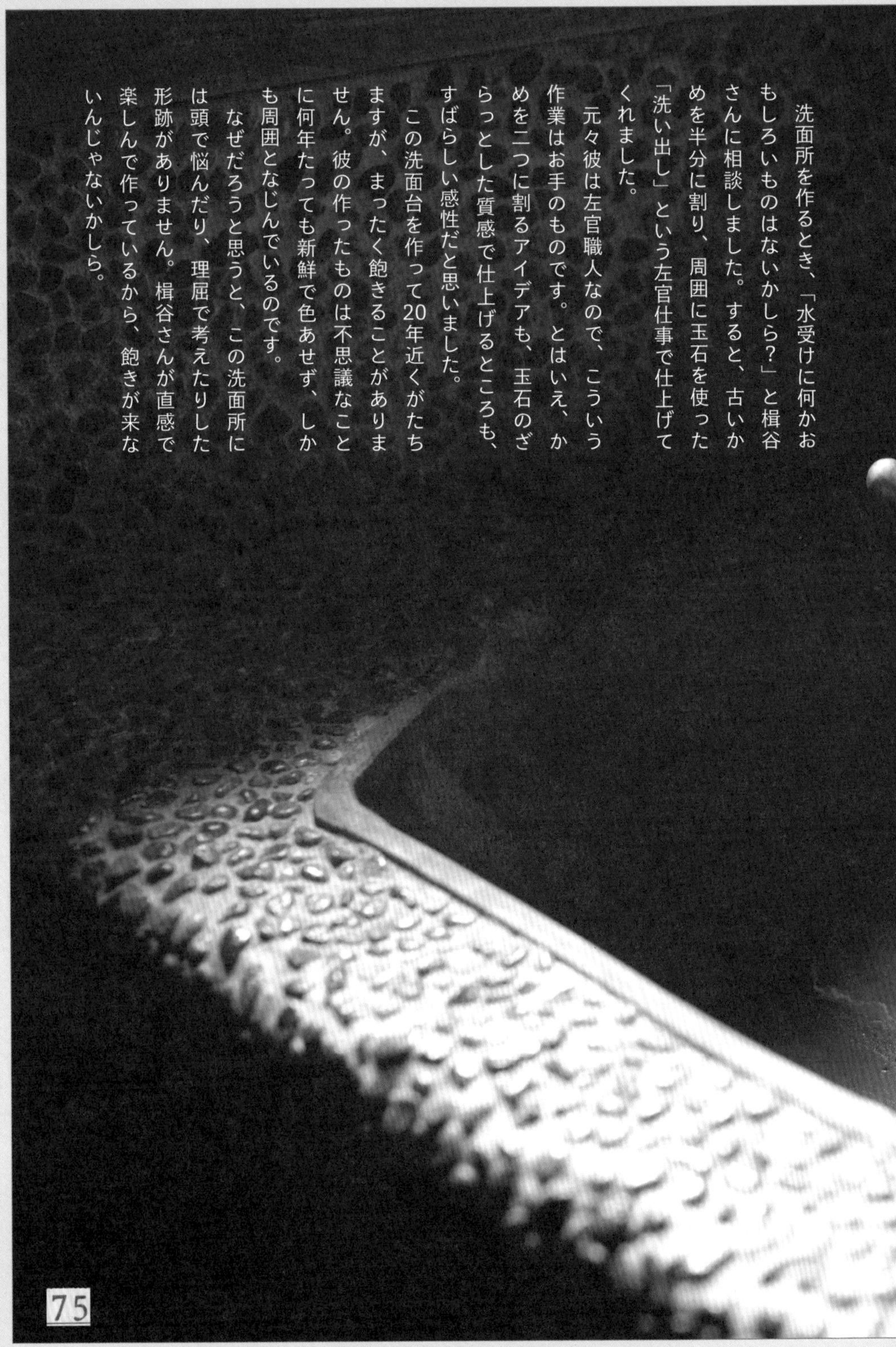

洗面所を作るとき、「水受けに何かおもしろいものはないかしら？」と榾谷さんに相談しました。すると、古いかめを半分に割り、周囲に玉石を使った「洗い出し」という左官仕事で仕上げてくれました。

元々彼は左官職人なので、こういう作業はお手のものです。とはいえ、かめを二つに割るアイデアも、玉石のざらっとした質感で仕上げるところも、すばらしい感性だと思いました。

この洗面台を作って20年近くがたちますが、まったく飽きることがありません。彼の作ったものは不思議なことに何年たっても新鮮で色あせず、しかも周囲となじんでいるのです。

なぜだろうと思うと、この洗面所には頭で悩んだり、理屈で考えたりした形跡がありません。榾谷さんが直感で楽しんで作っているから、飽きが来ないんじゃないかしら。

阿部家のトイレの突き当たりには、波のようにうねった模様の扉があります。そもそも扉や建具というのは真っ直ぐな線でできているのが普通ですが、そんな常識を覆しています。

これはアメリカ人アーティスト、アレックスさんの作品。本書にたびたび登場するハジメ君のお父さんで、大森に数年間暮らしていたこともあります。

私自身が、曲線のデザインにこだわって洋服を作っていた時期があり、彼がそのことを知って響き合うような作品を作ってくれたのです。アレックスさんが作ったものは、かまどの鉄輪にはめこんだ鏡など他にもあります。どれもこの家の空間になじんでいるものばかりです。

77
トイレの扉アート

パッチワークガラス

　阿部家に宿泊されるお客さまに、ぜひ見ていただきたいのが、居間2階にあるパッチワークのガラス窓です。割れてしまった古いガラスや、家を壊すときにいただいてきたガラスを、建具にひとつずつはめこんで再利用しました。

　家を壊すときは、たいていガラスも一緒に割ってしまいます。あまりにもったいなくて、近くで家が取り壊されると聞くたびに足を運んできました。そうして集めた何十もの型ガラスや砂ずりガラスを、ランダムに組み合わせたのです。文化財級ですよね！

　この建具を見た人は「うちにはこのガラスがあった」とか「おばあちゃんの家にあったのはこれ」とか、誰もが懐

かしい記憶を呼び覚まされるようです。何か感じるものがあるのでしょう。今はシンプルなデザインが好まれるので、こうしたガラスはほとんど見ることがなくなりました。でも私は思います。このガラスはむかしの人の精神的ゆとりの現れだったのではないか、と。暮らしの中に遊び心や美しいものを取り入れる文化があったと思うのです。

この部屋はちょっと狭いですし、急な階段を上らなければなりません。でも、この窓があるから泊まりたいというお客さまがいらっしゃいます。ハーブ研究家のベニシアさんもお気に入りのお部屋です。朝の光が射しこむ時間は、ハッとする美しさです。

4章

「懐かしい」ものを今に生かす

懐かしさというのは、人間だけが持つ特別な感情ではないでしょうか。
古いものには、過去の物語に思いを重ねる楽しさがあります。そして
古いものを残すことは、伝統技術を未来につなぐことでもあると思っています。

やっぱり、
先人の知恵は
役に立ちます！

自宅台所のアルミサッシの窓を、木であつらえた。柿渋を塗り、懐かしいすりガラスを入れると、台所に立つことが楽しくなった。

豆炭あんかとカバー

現代の建築と違って、古民家は気密性が高くありません。夏は風が通り抜けて涼しいのですが、冬は厳しい寒さです。だからといって縮こまるのではなく、温かくなる工夫をするのが、楽しく暮らす秘訣。

寒い夜を温めてくれる道具のひとつが、豆炭あんかです。豆炭は石炭や木炭などの粉を混ぜて練った、ころんとした形の固形燃料。最近はバーベキューなどでも使われることが増えてきました。豆炭あんかは、その豆炭を1個入れるだけで、24時間熱が長持ちします。ふとんの中にしのばせておけば、本当にぽかぽかで朝までぐっすり眠ることができるんですよ。豆炭もあんかも、ホームセンターなどで手に入ります。

数年前まで阿部家では湯たんぽを使っていました。ところがお客さまが大勢いらっしゃると、お湯を沸かすのが大変です。エネルギーを考えると、エコとは言いきれません。一方、豆炭は薪ストーブに放り込んでおくだけで着火できます。

豆炭あんかは温度設定ができないため、使い古したタオルを中包みにしたり、お気に入りの藍染めのカバーを作ったりして、心地よい適温になるよう工夫しています。今はお風呂も室温もすべてリモコンで温度設定できますが、加減を見て自分の心地いい温度を見つける感覚も、とても大事だと思います。

寒ければ
温かくなる工夫を。
それが
暮らしの楽しみ

火鉢と鉄びん

火鉢は、日本の暮らしから消えかけている道具です。現代の暖房器具のパワーとは比べものになりませんが、私は火鉢の中であかあかと燃える炭や、鉄びんからシュンシュン上がる湯気を見ていると、心が落ち着くのを感じます。

人は肌で温度を感じるだけでなく、目でも感じているのではないでしょうか。寒い部屋の中に火鉢がひとつあると、感じる温度はずいぶん上がる気がします。

この火鉢は、私が出演したテレビ番組を見て「古い家具を処分したいのですが、捨てたくないのでもらっていただけませんか」と連絡をくださった方にいただきました。古い道具の多くは処分される運命にありますが、つながるご縁を大切にしたいと思います。

火消しつぼ

ひとつの役割だけでなく
違う役割を与えてみる

火消しつぼは、どうやって使うのか知らない人も多いかもしれません。火を起こしたとき、燃え残った炭を入れるものが火消しつぼ。火がついたまま入れても、ふたをすれば酸素が入らないので安全に消火できます。また、一度消した炭でも「消し炭」といって再利用が可能です。むかしの人の知恵には驚くばかりです。

私は火消しつぼにお花を活けるのも好き。ひとつの役割を果たしているものに、違う役割を与えて魅力を引き出すのはおもしろいものです。なぜか花を活けるために作られた花器よりも味がある。人間だって同じではないかしら。役割を決めつけたり、あきらめたりするのでなく、いくつになっても新しい魅力を探したいものです。

引き出しを脱衣かごに

「脱衣所に脱衣かごがほしい」と楫谷さんに相談すると、どこから見つけてきたのか懐かしい雰囲気の引き出しが、ポン、ポンと二つ壁に取り付けられていました。古い箪笥の引き出しを、ただ壁に設置しただけ。でも、私はこれを楫谷さんの一番の傑作だと思っています。

腕のある人は存在感のある作品を作りたがるものかもしれませんが、この脱衣かごにはまったくそういう主張がありません。主張の強いアートを否定するわけではないのですよ。そういうアートは生活の中に、ほんの少し存在すればいいと思うのです。料理でも、贅沢なごちそうは毎日食べることができないように、普段の生活には箸休め的なものが必要です。箸休めなら毎日食べても飽きないし、あれば安心できるでしょう。楫谷さんの作るものは、そんな飾らない魅力があるのです。

ほかにも、アメリカ人アーティストのアレックスさんが手がけた建具や吉田さんの鉄のアート、楫谷さんの作ったものが阿部家には混在しています。それぞれが個性あふれる作品でありながら、どれひとつとして喧嘩せず、主張しすぎず、調和しながら存在しています。この家の歴史や流れている時間が、すべてを包み込んでくれているからでしょうか。

箸休め的な魅力で
いつまでも飽きない

耐火煉瓦のアプローチ

風化する文化に新しい命を吹きこむ

かつて石見地方の石州瓦は、日本三大瓦のひとつと言われていました。緑の山の中に赤い屋根が連なる大森の美しい風景は、この瓦があってこそ。しかし、今は瓦を使う建築が減ってしまい、工場も少なくなっているのです。

瓦が使われなくなると、周辺のものもなくなっていきます。そのひとつが、窯の中で瓦を立てる台になっていた耐火煉瓦です。高温で何度も焼きしめられ、何とも言えずいい味になっています。産業廃棄物として処分されてしまうと聞き、いただいてきて阿部家のあちこちに利用してきました。

特に気に入っているのは、門をくぐって入口へと向かうアプローチです。阿部家がオープンしたばかりのころ、ここには飛び石を置いていました。それもすてきでしたが、キャリーバッグを持って来られる方や車いすの方にもやさしい道にしたいと、再び改修したのです。庭の中をゆるやかなカーブを描いて進む道は、耐火煉瓦を利用したことで趣きのあるものになりました。

実はこのアプローチ、社員が毎日数人ずつ交代で作業を行ったんですよ。煉瓦の数が多かったので時間はかかりましたが、みんな楽しんで作業をしてくれました。業者さんにお願いして一気に仕上げたものとは違う、思い入れのある道です。

竹かご付き自転車

子どものころ、家から少し離れた場所にわが家の畑がありました。夏の終わりごろ、坂道を下って行くその畑に、母がよく連れて行ってくれたのを覚えています。なすやきゅうりを収穫すると、四角い竹かごに入れ、引っ張って坂道を上がる。かさばるものを運ぶのに、かごはとても便利だったのです。

そういえば、むかしの物売りや、自転車に乗って仕事をしていたおっちゃんたちも、荷台に大きな竹かごをのせていたことを思い出し、かご好きの血が騒ぎました。私の愛車は電動自転車。さっそく荷台に竹かごをのせてみると、最新の自転車はあっという間に懐かしい雰囲気に変わりました。そしてこれが便利なのです！

道ばたや川べりに咲いている野の花を摘んだとき。きれいな苔を見つけてそっと採ってくるとき。ご近所

で声をかけられ「お野菜持って行きー」といただいたとき。竹かごにポンとのせて自転車で走ります。先日も新鮮な卵がたくさん手に入ったのでかごに入れて、ご近所さんに配りました。すると、お返しをいただくのでまたかごへ。かごは空っぽになることがありません。最近は町の人たちも、この自転車を見かけると「あ、登美さんがこの辺にいるな」とわかるようです。

懐かしいものがどんどん消えているのは、利便性や効率性を優先させるからです。ときどき昭和の道具や復刻版などが流行しますが、見世物的に流行っているのなら、それはとてももったいないこと。古いもの、懐かしいものに興味を持つ若い人も増えています。そこには豊かな暮らしのヒントがあることを、きっと若い人が感じているからでしょう。日常の中にさりげなく懐かしいものを取り入れ、使っていくことが大事だと思います。

大森の町と人と

南方に位置する仙ノ山から見た大森の町。

島根県大田市大森町。通称「石見銀山」と呼ばれる町に私は住んでいます。夫の大吉さんの故郷である大森に、私たちが暮らし始めたのは1981年のことでした。

江戸時代には世界有数の銀の産出地で20万人もの人が暮らしていましたが、閉山後は一気に過疎化が進み、人口は500人ほどになっていました。空き家ばかりが目立つ町に流れていたのは、荒れて閑散とした空気。それでも私はこの町がとても好きでした。四季折々の自然の豊かさ、歴史を感じる町並み、近所の人たちとの温かなお付き合い。この土地には、生きていく上で大切なものが残っている。ここなら根を下ろし、幸せに生きていけると思いました。

しかし、大森でずっと暮らしている人には、この地のよさはなかなか見えにくいものだったのかもしれません。私は野の花や山菜や新鮮な魚など、足元にすばらしいものがたくさんあるという感動を、町の人たちと分かち合いたいと思いました。

そこで企画したのが「鄙のひなまつり」という女性を

夫の大吉さん、孫たちと大森の町を歩く。この町に暮らす若い人たちが増えてきたのがとても嬉しい。

中心にしたイベントです。毎年さまざまなゲストをお招きして講演会やシンポジウムを開くことを10年間続けました。いつもイベントの最後は、茅葺き屋根の郡舎で町を上げての大宴会。ゲストの方たちのおかげで、この町のよさを再認識させていただきました。

今、町を歩くと、どこの家の玄関先にもさりげなく田舎の道具や野の花が飾られています。イベントは10年で終わりましたが、思いを分かち合った人の意識は大きく変わったのです。変わらないのは、人と人とが声をかけ合える親しい空気です。外からやって来た私たちの会社の社員も、次世代の子どもたちも、この親しさの中で育っているのはありがたいことです。

私は「町は多色であるべき」と思っています。大森は昭和の終わりに国の重要伝統的建造物群保存地区に指定されました。そうなると、統一感を持たせようとして町は一色になりがちです。でも必ずしも江戸時代の色に染まる必要はありません。西洋的なもの、現代のもの、さまざまな個性が調和しているといい。元々この町は、江戸時代も町民と武士の家が混在していた多色塗りの町だったのですから。

大森のメインストリート沿いにある群言堂のカフェ。中庭に面した明るい空間でゆっくりくつろぐ人も多い。

右３点は、町内に点在する吉田正純さんの鉄の作品。町を訪れたらどこにあるか探してみて！

大森の町を歩くと、あちらこちらで鉄のアートを見かけます。これは、大森在住の彫刻家、吉田正純さんの手によるもの。吉田さんとは、古民家を改装して本店をオープンしたばかりのころ、２階のギャラリーで開催した藤井保さんの写真展で出会いました。彼は「藤井さんの作品もすばらしかったけれど、この空間に心惹かれた」と語ります。

翌年、同じ場所で吉田さんが展覧会を開くことになりました。そのときの作品が、鉄の十六羅漢像です。吉田さんは「鉄は朽ちるから美しい」と言います。それぞれ年月がたち、錆びてきていますが、朽ちることも計算に入れて作っているので、野にあって美しいのです。

私はそれまで鉄に対して硬くて冷たい印象を持っていましたが、彼の作品を知ってイメージががらりと変わりました。特に本店の中庭にあるふたつの像は、私たち夫婦のようで親しみを感じています。風雨にさらされ変化しながら、空気のように存在していることを、微笑ましく思うのです。

十六羅漢像はこの町に愛嬌を与えていますが、加藤エイミーさんもユーモアや愛嬌の大切さを教えてくれた一

加藤エイミーさんがくださった赤いカッパのポスト。あるのとないのでは、通りの雰囲気がまったく違う。

銀山川の流れに沿って、ゆるやかに蛇行する大森のメインストリート。人が行き交えば声をかけ合える距離。

電動自転車の竹かごに野の花をのせて、大森の町を颯爽と走る。

人です。エイミーさんはアメリカ人でありながら日本文化に造詣が深く、日本のクラフトやテキスタイルのお店も開いています。長く友人としてお付き合いしていますが、いつも彼女には驚かされることばかりです。プレゼントしてもらった赤いカッパのポストは、阿部家には似合わないと思っていましたが、別の建物の入口にぴったり。観光客のみなさんも写真を撮って行かれます。愛嬌と笑いは、町の中にも必要なものですね。

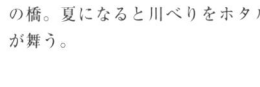

銀山川にかかる、趣のある石造りの橋。夏になると川べりをホタルが舞う。

5章

おちゃめなもの、美しいもの

生活には、
心くすぐる
ユーモアを

マジメは悪くはないけれど、ただマジメにやるだけではおもしろみがありません。
ちょっとしたユーモアやおちゃめを加えて、愉快に生きていきたいのです。

社屋の入口でお客さまを迎える「松吉と梅」の人形。松吉の着物と梅の座布団の柄が同じなのは、俗に言うカカア天下？

小さな可愛い器たち

手の中でギュッとにぎれるくらいの小さな器。私はこれに生姜糖で作った金平糖をのせ、お茶請けにするなど、自由に使っています。わずか3粒の金平糖が微笑ましくおさまるので、大きさといい、形といい、そのために生まれた器ではないかと思うほど。足がついているので、たくさん並べるとまるで小さな生き物が行進しているようにも見えます。ひとつとして同じものはないのに、どれにも愛嬌があって楽しく、ついつい買い集めてしまうのです。

この器は鹿児島にある「しょうぶ学園」で作られたもの。しょうぶ学園には大勢の利用者の方がおられますが、それぞれが木工、陶芸、染織など、自分の得意分野で自由で独創的な作品を生み出すアーティストです。この器を作っている方は、たった一人で、この小さな器をたくさん生み出しているのです。

しょうぶ学園の方たちが作るプリミティブなものに、私はとても惹かれます。そこには人に認めてもらおうとか、高く売ろうとか、かっこつけようとか、そういう作為的な思いがありません。この器を作っている女性と会ったときも、彼女はただ黙々と手を動かしていました。その手の先に、きっと何かが宿っているのだと思いました。

ひとつ
ひとつ
違って
愛らしい

草のおひなさま

紙や土や布など世の中には数々のおひなさまがありますが、こんなおひなさまは、ほかに見たことがありません。京都のギャラリーで出合ってひとめぼれし、連れて帰りました。オニドコロの種殻をおひなさまとお内裏さまに、ニラの種殻をぼんぼりに見立てたセンスには「参りました」のほかに言葉が見つかりませんでした。

ところがあるとき、ぼんぼりの部分が折れて壊れてしまいました。繊細なものなので仕方ないとあきらめていたら、それを見た料理人のタクさんが、別の植物を見つけてかわいく直してくれたのです。彼の感性によって新たな命が吹きこまれました。どんな名作と言われるおひなさまより、私はこれが一番好き。

〝ゆる登美〟

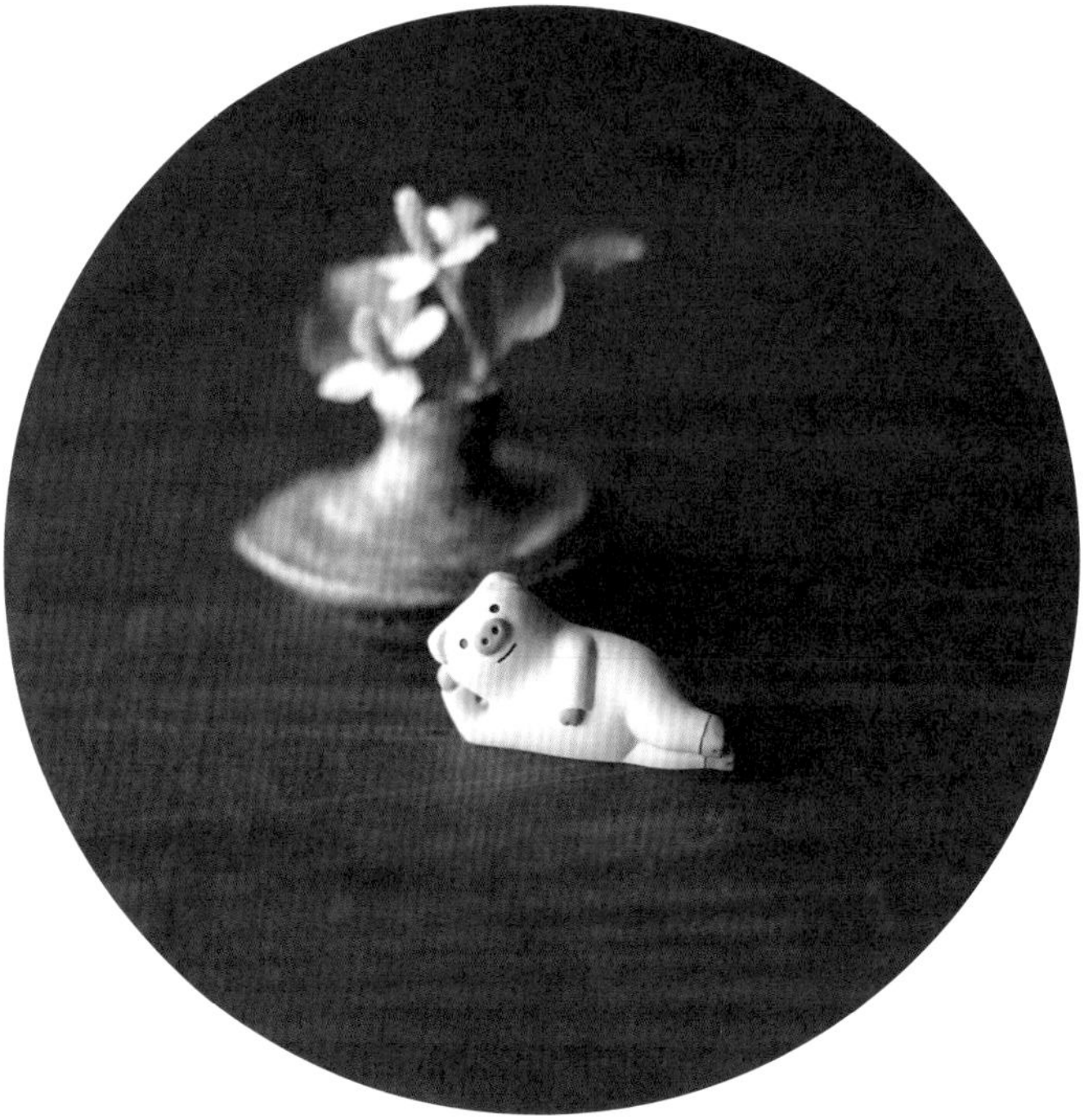

世の中はコロナ禍でなんとなくギスギスしています。こんなときこそ、気持ちがふわっと明るくなるユーモアがほしいですね。

あるギャラリーで買い求めたぶたの置物。正直、小さな置物ひとつでゆるキャラならぬ「ゆる登美」になれるなんて意外でした。

ある日、自宅に戻るとぶたが両親の位牌の前にいます。どうやら次女の由紀子が置いたらしい。「毎日手を合わせるのだから、心してゆるい登美でいなさいよ」との娘のメッセージだと受けとりました。

年を重ねると理屈っぽくなり説教も増えがちですが、ゆるい面がある方が周囲も気楽です。ぶたにも毎日手を合わせつつ、穏やかな心でいようと思うのでした。目指すはおちゃめな登美ばあさん！

見守り鬼

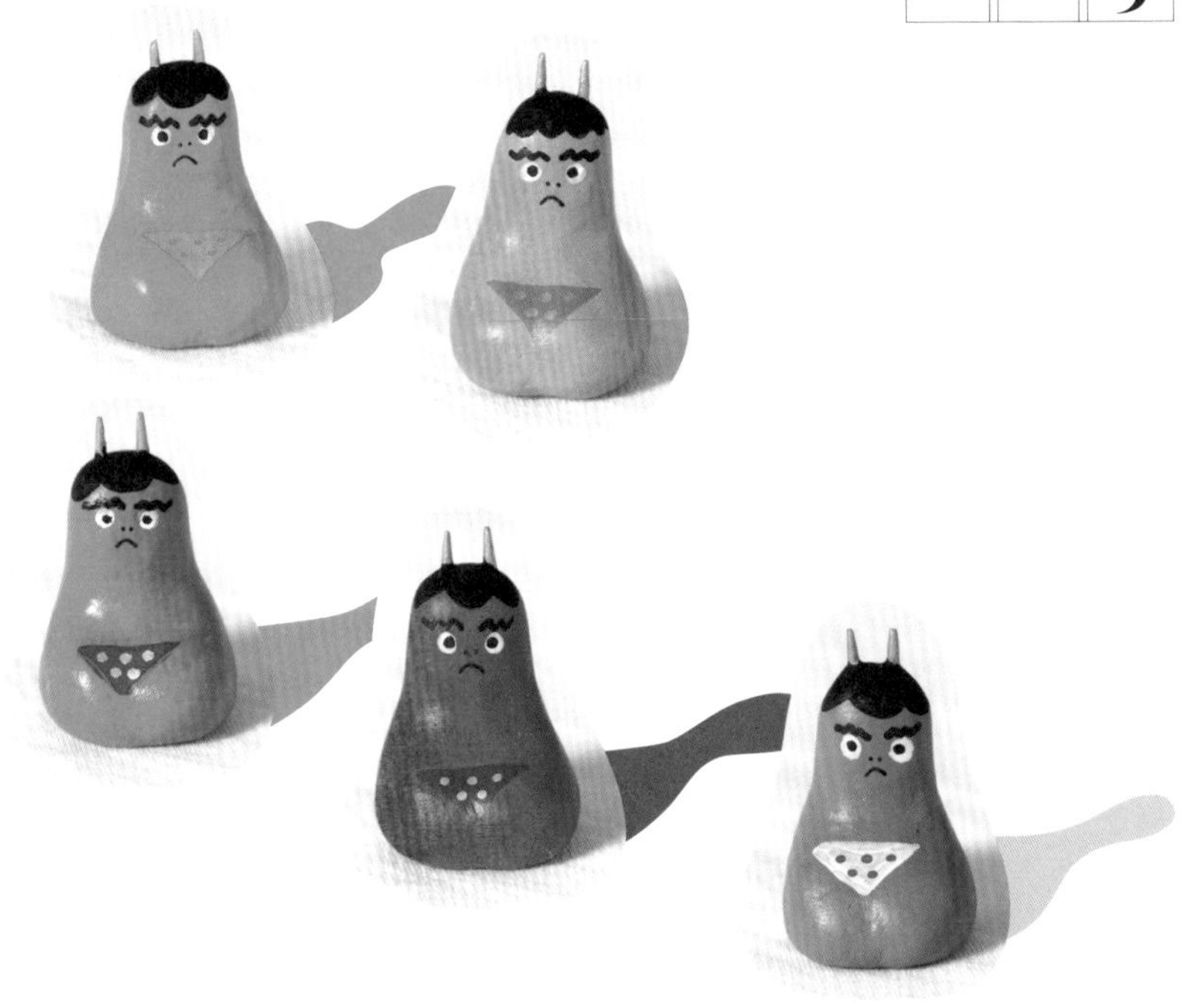

鬼って怖いものという刷り込みがあります。でも実際は、人間をいつも近くで見守っていて、その存在があるから人は悪いことをしちゃいけないと思うんですって。

そこで、わが社のスタッフが作ったのが、見守り鬼。怖いというより癒されるような愛らしさです。不安になったり、腹を立てたり、くよくよしたり、ぼんやりしたり、人を疑ったり……。人間はついついそのような気持ちを抱えてしまいがちですが、鬼はいつも見守っています。

実は私、むかしから「鬼の登美さん」と呼ばれているんですよ。黙って見守るということは、実はとても難しい。鬼たちに見守られながら、私も上手に周囲の人を見守りたいと思うのです。

山姥と仙人の家

韓国の古民家をかたどった焼き物ふたつ。一方は仙人の家、もう一方は山姥の家と呼んでいます。まるで仲よし町内別居中の私たち夫婦の家みたいでしょ。

この置物は、講演で韓国に行ったとき買い求めました。私を韓国に招いてくださった女性は、元々阿部家のお客さまでしたが、血のつながりがあるのでは？　と思うほど好みや感性が私と似ています。異国で家族に迎えてもらったような幸せなひとときを過ごしました。

彼女の住む町は大田（テジョン）、私の住む町も大田市。彼女に案内されたテジョンのギャラリーでこれを見つけたのです。隣国同士、深いつながりがあったことを感じるどこか懐かしい佇まい。眺めているだけで心が満たされます。

大根の花器

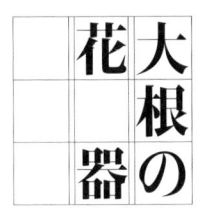

私がお世話になっている美容師の先生とは、とても好みが似ています。いつもその美容室には、すてきな花器に野の花が活けてあります。あるとき彼女が「このおもしろさは、あなたならきっとわかってくれると思って」とプレゼントしてくださったのが、大根の形をした花器でした。

なんだか見ているだけで、笑いがこみ上げてくるフォルムです。扱うのが難しいかなと思いましたが、大根の葉っぱだけを活けてもおもしろいし、タンポポの綿毛を差しても、さりげなく野の花を活けても意外に似合います。ただ、どこに置けばよいかあれこれ考えていました。

一棟貸の宿の「只今加藤家」には、置き床がありました。置き床というのは、移動できる床の間のこと。最初は小さな掛け軸がかけてあったのですが、ありきたりで今ひとつおもしろみに欠けます。「そうだ、あの大根の花器が合うはず」とひらめきました。置いてみるとぴったり！

ふたつが出合ったことで、いきいきとした愛嬌のある場が生まれました。大根の花器がなければ、置き床は倉庫に片づけられていたかもしれません。そう考えると、すべては関係性によるのだと思います。ものも人も、お互いを生かし合う関係を見つけることが大事ですね。

思いもよらない
ユーモラスな
出合い

加藤家の風呂タイル

拾いものを美しく再利用する

加藤家のお風呂場には、いつかどこかで使ってみたいと大切に温存していたタイルを使いました。入るとパッと華やぐような明るい空間になって、とても気に入っています。

青い模様のタイルは、明治時代の敷瓦タイルと呼ばれるもの。むかし旅館だった町内の建物に使われていて、青い染付のデザインも洒落ていました。

明治や大正時代の日本は、西洋のものを上手に暮らしに溶けこませています。突然入ってきた異質な文化を柔軟に取り入れた、一番おもしろかった時代のものが、この町にはまだ残っているのです。

建物の改修のため、タイルごと取り壊そうとしていたので「ちょっと待って。もったいないから」とタイルを剥がして、取っておいてもらいました。日ごろからお付き合いしている職人さんたちは、私の気持ちを汲んで丁寧に仕事をしてくださる方ばかりです。

床に使った茶色いタイルは、隣町のタイル工場の裏庭に捨てられていたもの。「ムラがあるので全部B品。売りものにはならないよ」とご主人に言われましたが、そこがいいと思いました。機械ではなく、一枚ずつ手で釉薬をかけるから色ムラが出るのです。想像以上にたくさんのタイルをいただい

たので、みんなで拾いに行きました。
捨てられているもの同士を組み合わせて、でき上がったすてきなお風呂。拾いものにはやっぱり福があります。

薪のある美しい風景

財布の中身が空っぽになっても心配にはなりませんが、薪が少なくなってくると心細くなる私です。

子どものころは、どこの家にも薪が積んでありました。山里には薪小屋と呼ばれる屋根のついた小屋があり、いつも薪が蓄えてある。それは美しい景色でした。

阿部家には、薪ストーブやかまどがあるので、普段からたくさんの薪を使います。最近、元左官職人の哲つぁんが手伝ってくれるようになり、以前にも増して薪が美しく積まれるようになりました。

長さを揃えて薪を切り、倒れてこないように合間にも差し込んで、バランスを取りながら積み上げていく。その仕事を見ていると、薪積みは技術だと思わされます。見事に積んだ薪を使うのがもったいないほどです。

哲つぁんは、積み上げた薪が濡れてはいけないと、最初は上からビニールシートをかけていました。「これはちょっといただけないなぁ」と思っていたら、「倉庫に茅葺の茅があったから、薪の上に乗せておいたよ」と何も言わないのに直してくれていました。しかも、茅をきれいにあけびのつるで結んでいます。美しい仕事をする人は、細部までこだわってくれるのだと感心しました。

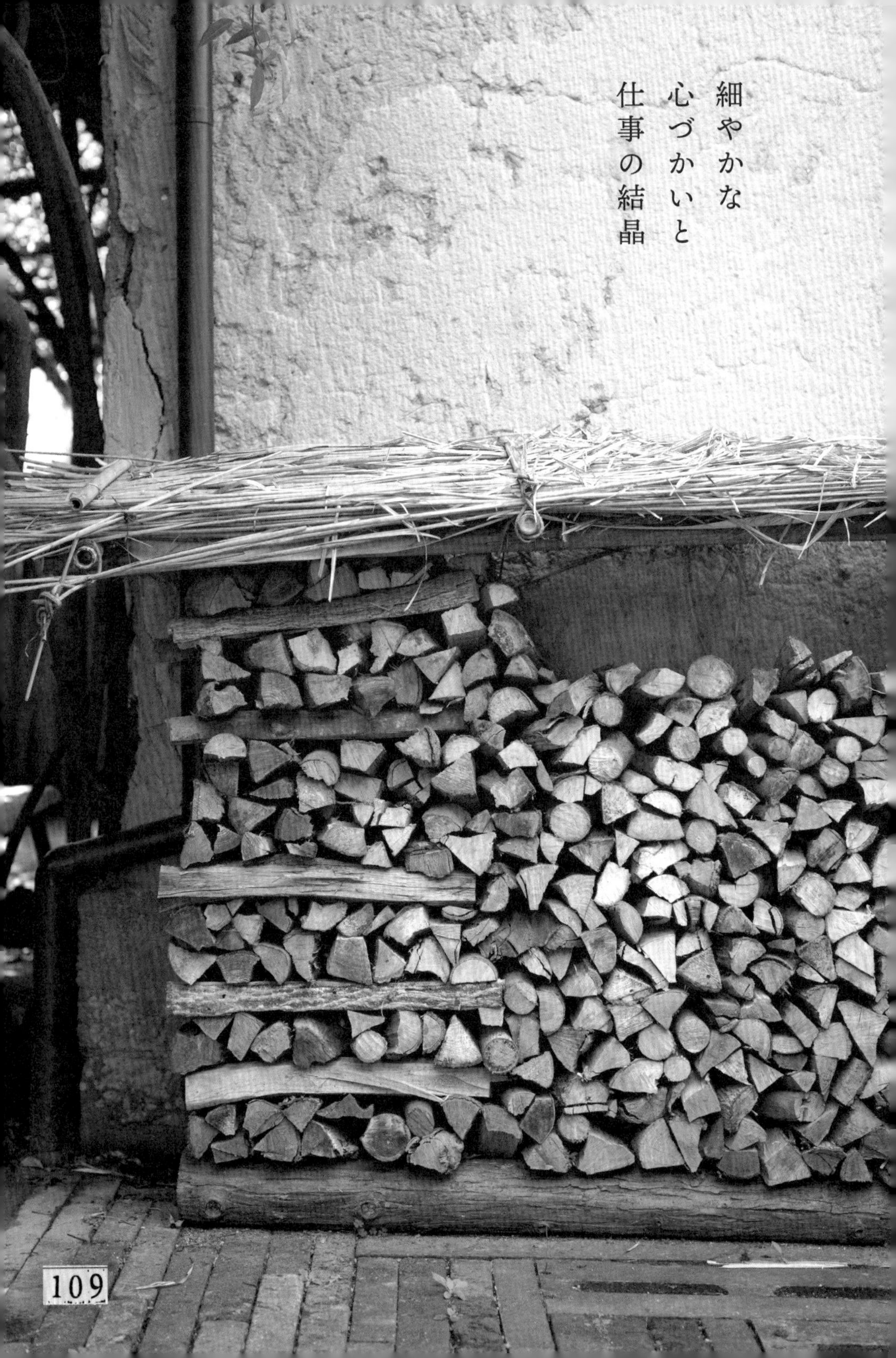

細やかな心づかいと仕事の結晶

6章

孫の世代まで伝えたい

孫たちに日常伝えたいのは、日本の生活文化の美しさ。形を守るだけでなく
精神性を大切にしながら、新しいものを創造していってほしいと思います。
人びとの日常の暮らしが、いつまでも美しく感じられる町であるように。

引き継ぐのは
物と心と

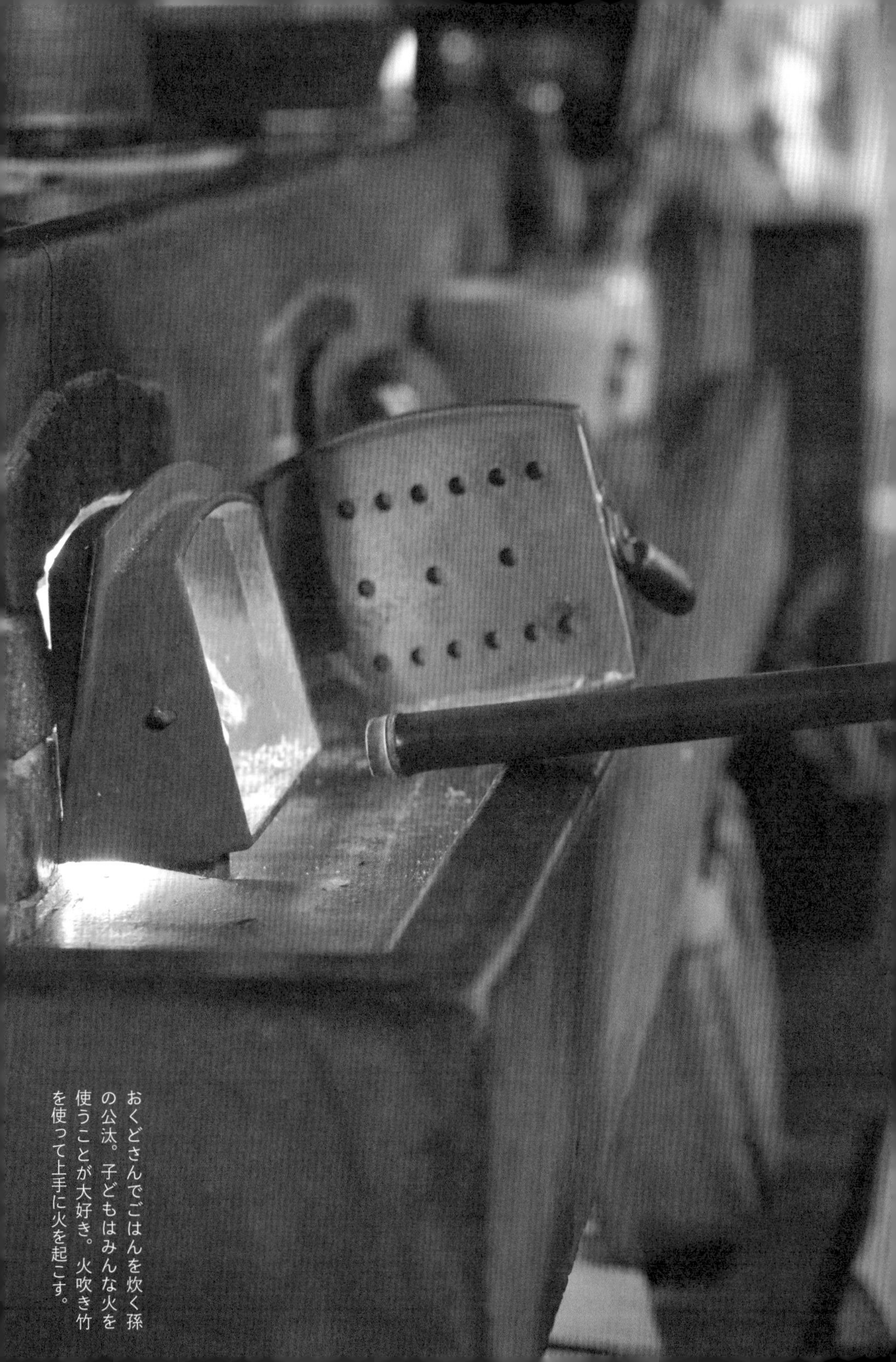

おくどさんでごはんを炊く孫の公汰。子どもはみんな火を使うことが大好き。火吹き竹を使って上手に火を起こす。

パッチワークのおくるみ

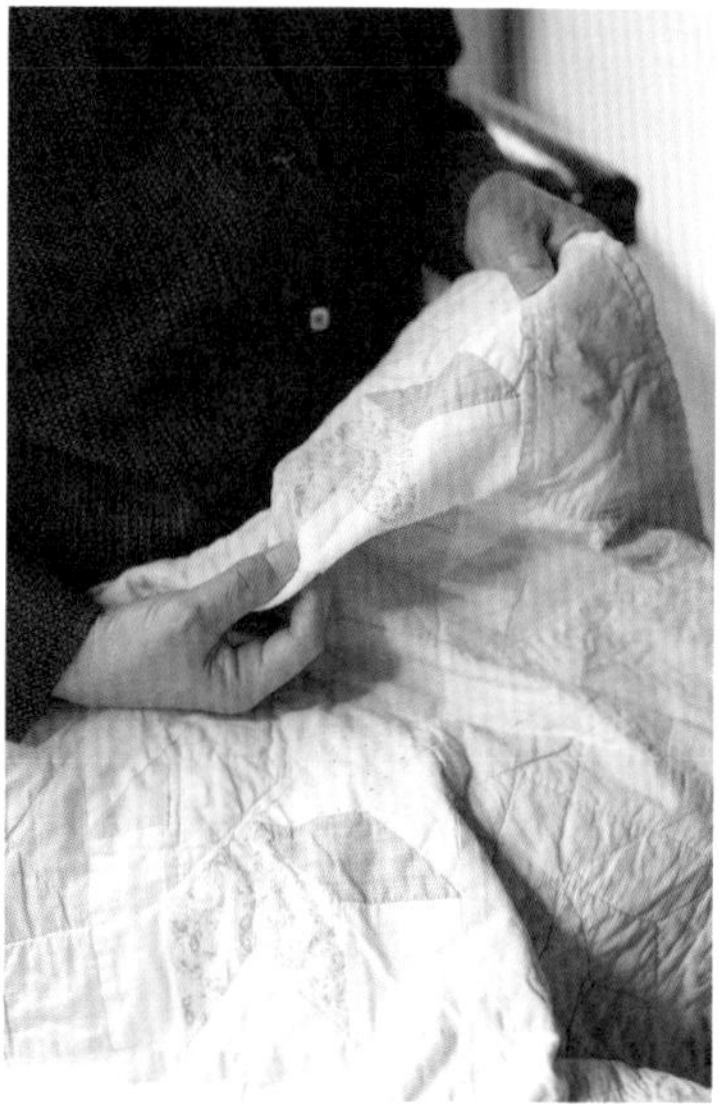

私には3人の娘がいるのですが、生まれたときにそれぞれパッチワークキルトでおくるみを作りました。パッチワークをするようになったのは、新婚時代に名古屋で、パッチワークの内職さんをまとめる仕事をしていたから。作り方を教えながら、自分も一緒に覚えていったのです。そして子どもが生まれるときには、おくるみを自分の手で作りたいと思いました。今でもちくちく縫う仕事が好きで、暇さえあれば手を動かしているのは、当時の思い出があるからかもしれません。

後に、出雲には藍の筒描き染めがあって、赤ちゃんが生まれると鶴亀の絵を染め、右上の隅を茜で染めておくるみにしていたことを知りました。赤ちゃんがちゅうちゅう吸っても害のないものだそう。生まれてくる子を自然の素材で迎えてあげたいと、インディゴ染めのおくるみを商品として作ったこともあります。

写真は、三女の奈緒子が生まれたときに作ったおくるみ。このときだけは出産までに間に合わず、入院中にやっと完成させました。懐かしいおくるみを、今は奈緒子が自分の子どもたちのために使っています。色もあせ、くったりとしていますが、いい風合いです。手をかけて作ったものが、孫たちに受け継がれていくのは嬉しいものですね。

ひと針
ひと針
時を紡いで

古い乳母車

花を活けるのは、いつも自分流。普通の花器に活けるのではなく、捨てられていた道具などを使って自由に活けるのが好きです。私は野の花や庭の花を摘んだり、山で枝を切ってきたりします。だから花器も、素朴なものが合うのだと思っています。

壊れた乳母車の台をもらって、上に竹かごをのせたとき、ここに花を活けようと思いました。今日活けたのは、夏の元気な草花を数種類。あざやかな緑で乳母車を置いた空間が涼しげになりました。春には山桜や菜の花を、葉っぱを落としたモミジの種のプロペラを活けることもあります。自然界にあるものは美しく、機能的で完璧にデザインされています。だから、余計なことは何もしなくていいのです。

つい先日、通りからにぎやかな笑い声がしてきて外に出てみると、近所に住んでいる孫娘が乳母車に乗り、そのお姉ちゃんが押しながら楽しそうに歩いていました。表情といい、背景の町並みといい、昭和30年代と言っても通用しそうで思わず一緒に笑ってしまいました。彼女たちは大人になればこの町を出て行くかもしれません。でも子ども時代の楽しい経験や思い出は残るでしょう。よい思い出、よい風景を暮らしの中に残していきたいと思います。

自然界のものは
機能的で
デザインも完璧

つぎはぎ障子
藍染和紙の障子

お子さん連れで阿部家にいらっしゃるお客さまは、子どもたちが走っていると「障子を破ってはいけない」と言って、気を遣われます。そのたびに私は言っています。「障子なんて破れるもの。気にしなくていいんですよ」と。私だって不注意で破ることはあるし、わが家の孫たちのいたずらで、破けた箇所もあります。

それに、破けたときにはささやかな楽しみがあるんですよ。大好きな写真集『ぼろの美』をコピーし、破けた箇所に小さく継ぎ当てをするのです。最初はほんの数か所でしたが、時間がたつうちにどんどん継ぎをした部分が重なって、今ではそれ自体がひとつの大きな作品のようです。

私の自宅の障子も、破れたところに友人からもらった藍染めの和紙を貼ることにしました。孫たちが手伝ってくれて、ブルーのパッチワーク障子ができ上がりました。東に向いているので、朝陽が当たるとてもきれいです。破れたからダメとか、壊れたから捨てようというのではなく、破れたら、壊れたら、もっとおもしろいことができると考えてみてはどうでしょうか。

失敗するから、よく考えてカバーしたり修復したりできるのです。孫たちには、失敗をおそれず、むしろ失敗から学びながら成長してほしいと思います。

破れたら、おもしろいことができるチャンス

阿部家のつぎはぎ障子。

私の自宅の藍染和紙の障子。

おくどさんと羽釜

写真は一棟貸の宿「只今加藤家」にあるおくどさん（竈）と羽釜です。この家を手に入れたとき、おくどさんは撤去されていましたが、流しや井戸は残っていたので「おそらくこのあたりにあったはず」と、新しく造り直しました。おくどさんは家の中心。ここでごはんを炊く経験を、多くの人にしてもらいたいと思ったのです。

阿部家では、スタッフがおくどさんでごはんを炊いています。毎日炊いていても、少しずつ違います。水に浸ける時間、水加減、火加減、蒸らし加減。水の量は測った方がいいのですが、あとは自分の勘でいい。誰がやっても大きなまちがいは起きません。お米が立ったり、ちょうどよいおこげができたり、何度も経験すると勘も冴えていきます。

孫の公汰はときどき自宅で、「今日は薪で炊く！」と張り切ってごはんを炊いていますよ。火吹き竹も上手に使います。阿部家や加藤家に宿泊されるお子さんの中にもごはん炊きを希望される方がおられます。羽釜でごはんを炊き始めたら、つきっきり。子どもはとても火が好きですね。

人の暮らしの中心にあるのは火、水、土だと教えてくださった方がいました。これらを暮らしの中から消してはいけないと思います。公汰が薪でごはんを炊いてくれるのは、とても嬉しい。この経験を、孫たちの世代に伝えていきたいのです。

要慎

黒柿だんす

父が唯一残してくれた、黒柿のたんす。このたんすは父が亡くなった後、長らく姉の家にありました。ところが、姉が自宅にウォークインクローゼットを作ったので、父の使う必要がなくなってしまったのです。その後、納戸にしまわれていましたが、父の大事な形見なので「私がもらう」と言って譲り受けました。

出雲の家具屋さんで修理してもらうと、「登美さん、こんないい材はもうないよ。いくら出されても作れない」と言われました。部分的に黒柿を使ったたんすはあっても、全体が黒柿というものはないそうです。ある地質学の先生には「黒柿ができるのは地質と関係しているが、切ってみないとわからない貴重なもの」と伺いました。

たんすの中には、のれんや座布団カバーなど、季節外のものをしまっています。こうして見ると、古くから阿部家にあったもののようになじんでいますね。父の遺してくれた黒柿だんすを、大事にしていかなくてはと思います。

「心想事成」

この掛け軸は、夫の大吉さんからの贈りものです。結婚して45年。実は、婚約指輪も結婚指輪ももらったことがありません。名古屋で会費制の結婚式を挙げたとき、ヒッピーの人たちが路上で針金を曲げた指輪を作っていて、５００円で買ってもらったことは覚えています。当時は貧乏のどん底で、それを買うのが精一杯でした。

あるとき、中国に旅をした大吉さん。現地で古い掛け軸が売っている店に入りました。ずらりと並んだ掛け軸の中で、パッと目に飛び込んできたのが、この「心想事成」だったそうです。そして、阿部家が完成したときにプレゼントしてくれました。どんな指輪より私は嬉しかったのです。

「心に想う事が成る」

その日から、心想事成は私の座右の銘になりました。あきらめずに想い続けると、強く想う気持ちはエネルギーになります。そして、天からスイッチを押される日が必ず来る。これから生きていく若い人みんなに伝えたい言葉です。私たちはこの町で、思い描いた夢がいくつも叶ってきました。心想事成の言葉に、背中を押され続けてきたのです。

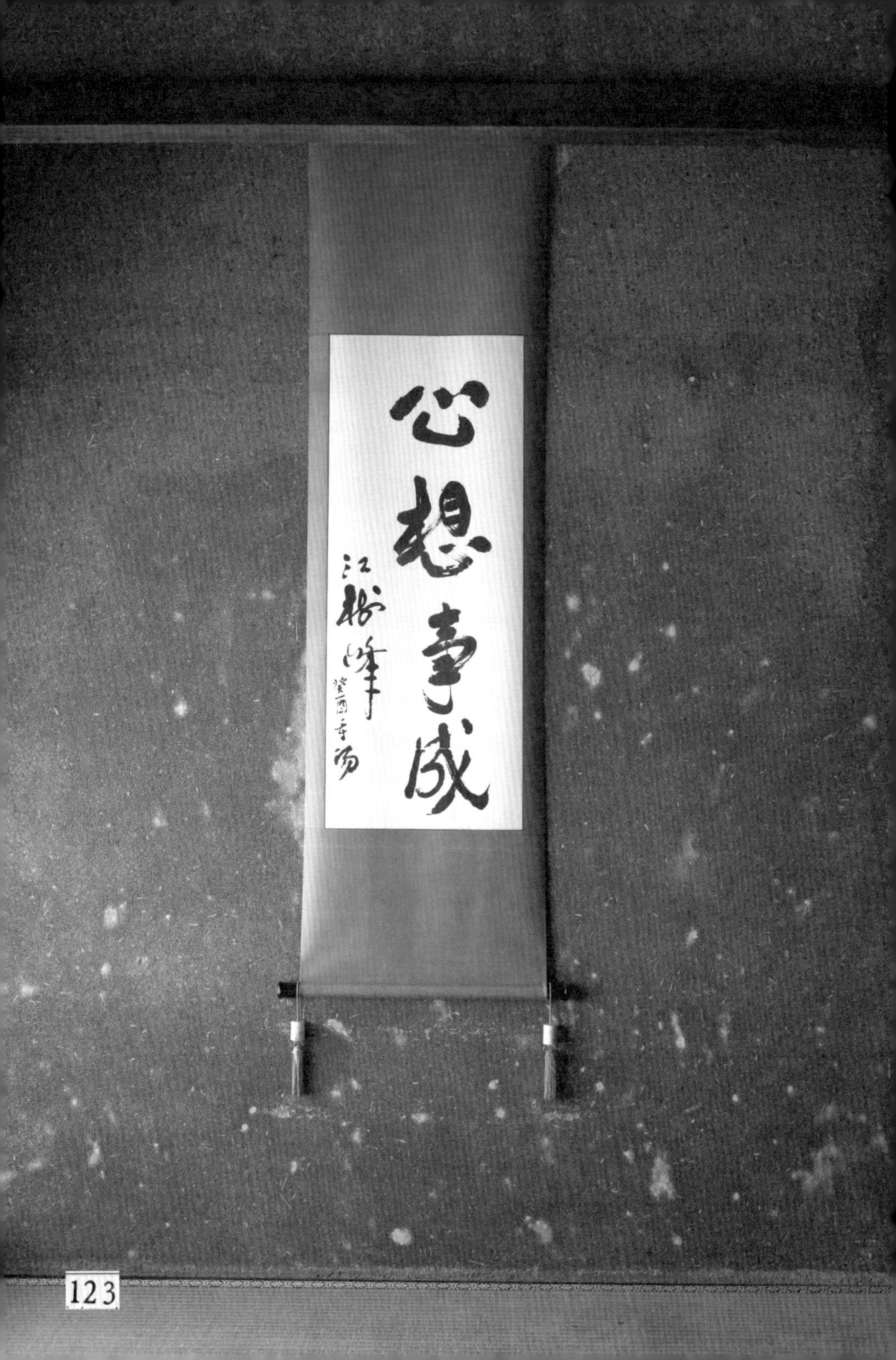
心想事成
江樹峰

おわりに

「人は人生において、出会うべき人には出会うべくして出会う」とある本で読んだことがあります。これまでの人生をふり返ってみると、それは人だけではなく、ものや出来事さえも出合うべくして出合っているような気がします。

幼いころ、母に「授かり」という言葉を教えられました。良いことがあっても、悪いことがあっても、それは授かり。授かりをどう受け止めるかが、天から試されているというのです。母はこうも言いました。

「奪ったものはいつか誰かにまた奪われるけど、授かったものは永遠に自分のものになる。だからなんでも貪欲に欲しがってはいけない。大切に思い続けていればいつか必要なものは授かるのだよ」と。

この本の中でもご紹介している「心想事成」とは、まさにこのことかもしれません。はからずも、母の教えは私の座右の銘と重なっていたのです。

今や世界中のものや情報が、インターネットで手に入る時代になりました。でも、一生涯の中で出合えるものには限度があります。まして本当に必要なものは、実はそんなに多く

はありません。たまたま縁あって出あった人やものに、どれだけ想いを寄せることができるかが大切ではないかと思います。この本の中でご紹介したものの背景には、必ず人が関わっています。だからこそ、単なる「もの」ではなくなっているのです。

「福吹く暮らし」とは、そういうものに囲まれた暮らしではないでしょうか。使うたびに、その背景や、作り手の想い、手にしたときのエピソードなどに思いを馳せ、豊かな気持ちになっているように思うのです。

柳宗悦氏の言葉「見テ　知リソ　知リテ　ナ見ソ」のとおり、著名だとか高価だとかの価値観にとらわれず、自分のものさしを大切にしたい。たとえ石ころ一つでも、美しいものは美しいと言える自分でありたいと思います。

それと、忘れてはいけないのが遊び心ですね。思わずクスッとさせてくれるような微笑ましいものや、愛嬌のあるもの、ユーモアのあるものは心を元気にしてくれますから。

みなさんも福吹く暮らし、始めてみませんか？

2020年　秋

松場登美

松場登美・まつばとみ

群言堂デザイナー。1949年三重県生まれ。'81年、夫のふるさと島根県大田市大森町（石見銀山）に帰郷、'94年、アパレルブランド「群言堂」を立ち上げる。'98年には（株）石見銀山生活文化研究所を設立、代表取締役所長。2001年、大森町内の武家屋敷「阿部家」の修復を開始。'08年に「他郷阿部家」として宿泊施設営業を始める。「群言堂」では、素材にこだわった着心地のよい衣料や、雑貨を全国に発信。古民家再生などで町おこしにも尽力している。

撮影　山田泰三
根のある暮らし編集室（p.47）
装丁・デザイン　高市美佳
イラスト　須山奈津希
PD　髙柳　昇（東京印書館）
取材・文　菅　聖子

これが登美さんの〝福吹く〟暮らし

天然素材と遊び心、365日が心地いい

2020年12月1日　第1刷発行
2021年1月20日　第2刷発行

著者　松場登美

編集人　小幡麻子
発行人　入谷伸夫
発行所　株式会社　婦人之友社
〒171-8510
東京都豊島区西池袋2-20-16
https://www.fujinnotomo.co.jp
電話　03-3971-0101（代表）

印刷・製本　株式会社東京印書館

ISBN978-4-8292-0942-4

家の整理は心の整理

帰りたくなる家

元祖スーパー主婦・山﨑美津江さんが片づく家の「生活メソッド」を伝授。家族それぞれの動線が決まると、家は変わり始めます。忙しくてもきれいな家に住みたい人に。

山﨑美津江著　本体 1300 円 + 税

幸せをつくる整理術

「ガラクタのない家」

井田さんが始めた 2 世帯の暮らし。すべての部屋を公開し暮らしやすさの秘訣を紹介。ライフプランや、300 軒の家の片づけをしてきた井田さんならではの、整理収納術が 1 冊に凝縮。片づけができない人必見です。

井田典子著　本体 1300 円 + 税

これでいい

ウー・ウェンの ありのままの一皿

ウーさんの和洋中の枠を超えた究極のシンプル「家庭料理」。材料1つか2つと台所にある調味料だけで、絶品の味わい！ 調理の急所をおさえた進化系レシピ 50。食への思いをつづるエッセイも。

ウー・ウェン著　本体 1400 円 + 税

家庭料理の手ほどき帖

惠津子流料理のたねあかし

「目ばかり、手ばかり」「味つけの型紙」など一生役立つ調理の基礎から、手早く食卓を整える「おかずのもとづくり」ほか、心かるく台所に立つためのレシピ 65 品まで。ごはんづくりが自由自在に。

本谷惠津子著　本体 1400 円 + 税

魔法の鍋帽子® レシピ 85

かぶせておくだけ！ ふっくら保温調理

短時間の加熱後、火を止めて鍋帽子をかぶせると、あとは時間が調理。外出中や就寝中でも、かぶせておけば料理ができるので、まるで魔法のよう。節電、節ガスでエコクッキング。

婦人之友社編　本体 1500 円 + 税

2021 年 1 月 20 日現在　　定価は本体価格に消費税が加算されます。